일본유학시험(EJU)

모의시험 10 회분

일본어 기술·독해

최신!
출제경향

일본유학시험문제를 철저분석

본시험 경향에 맞춘 코치학원 오리지널 문제

권말에 독해문제의 해설, 독해력 향상의 포인트를 수록

HED
글로벌 인재육성, 1984년설립
(주)해외교육사업단

머 리 말

　일본유학시험(EJU)은 일본의 대학에 입학을 희망하는 유학생을 대상으로 대학 등에서 필요로 하는 일본어능력 및 각 과목의 기초학력 평가를 목적으로 하는 시험으로, 연 2회 실시되고 있습니다.

　일본유학시험에서는 기초적인 지식뿐만 아니라, 종합적인 고찰력 · 사고력이 필요합니다. 또한, 한정된 시간 내에 신속히 정답을 찾아내는 독해력 · 판단력도 요구되며, 마크시트 형식이라는 독특한 해답 형식에 익숙해질 필요도 있습니다. 이와 같은 일본유학시험에서 고득점을 얻기 위해서는 같은 형식의 좋은 문제를 많이 접하는 것이 효과적입니다.

　이 책은 위와 같은 내용에 근거하여 과거에 출제된 문제를 철저하게 연구 · 분석하여 제작된 모의시험입니다. 형식 · 내용 · 레벨에 있어 실제 시험에 가까운 문제가 10회분 수록되어 있으며 실전과 같은 시험에 여러 번 도전할 수 있도록 되어 있습니다. 횟수를 반복하는 것은 자신감으로 이어집니다. 이 책을 활용함으로써 꼭 당신의 자신감을 흔들리지 않도록 해 주십시오.

　저희 코치학원에서는 각 교과의 교재전문 스태프가 매일 교과 내용을 연구 · 분석하여 일본의 대학 진학을 희망하고 있는 외국인 수험생 여러분에게 도움이 되는 교재 개발에 몰두하고 있습니다.

　이 「모의시험 시리즈」가 일본유학시험 공략에 이바지하게 되기를 바라고 있습니다.

　한국에서 일본유학을 준비하는 여러분에게 이용의 편리함을 제공하기 위해 해외교육사업단에서 한국판을 발행하게 되었습니다.

2020년 4월

코치학원

이 책에 대하여

■ 일본유학시험(EJU) 「일본어」에 대하여

일본유학시험은 연 2회, 6월과 11월에 실시되며, 출제과목은 「**일본어**」, 「**이과**」(물리 · 화학 · 생물), 「**종합과목**」 및 「**수학**」입니다. 「일본어」는 「**기술**」「**독해**」「**청독해**」「**청해**」의 세 가지 영역으로 구성되어 있고 시험시간, 배점 및 시험내용은 아래와 같이 되어 있습니다.

영역	배점	시간	내 용
기술	50점	30분	두 개의 테마 중에서 하나를 선택하여 소논문 혹은 작문을 한다. 400~500자
독해	200점	40분	문장을 읽고 선택지의 지문에 답한다. 지문 한 개 10문제, 두 개 6문제, 세 개 1문제
청독해	200점	약55분	음성과 시각정보를 기반으로 선택지의 지문에 답한다. 12문제
청해			음성을 듣고 선택지의 지문에 답한다. 15문제
합계	450점	약125분	

■ 이 책에 대하여

유학생을 위한 진학예비교인 코치학원은 오랜 기간에 걸쳐 지금까지의 일본유학시험에 출제된 문제를 분석하여 유학생 여러분이 어떻게 학습하면 시험에 대응할 수 있는 실전력, 실력을 쌓을 수 있는지를 연구해 왔습니다. 이 책은 그 성과를 담아 일본유학시험의 출제 경향에 대응하는 **모의시험문제 10회분과 해답, 부록**을 수록한 문제집입니다.

시험대책에는 출제 경향에 따른 좋은 문제를 많이 풀어 실력을 기르고, 출제 경향이나 패턴을 파악하는 것이 중요합니다. 이 책은 위에서 언급된 「일본어」에서 출제되는 네 가지 영역 중에서 「기술」과 「독해」의 모의시험을 다루고 있습니다만 각각, 일본유학시험의 「일본어」 형식, 내용, 난이도에 입각하여 출제하고 있습니다. 아래에 「기술」「독해」 영역에 대하여 간단하게 출제경향을 설명합니다.

● 기술

기술 문제에 출제되는 테마는 **현대사회**에 관련된 것이 많고, 그 외에 **교육**과 **업무**에 관련된 테마도 자주 출제되고 있습니다. 그렇다고 해도 **일상적인 일들이 소재**가 되어 전문지식이 요구되는 것은 아닙니다.

출제 형식은 ① 「테마에 관련된 두 가지 의견을 소개하고 **어느 쪽에 찬성하는 지를 묻는 것**」과 ② 「테마에 관련하여 **자신의 생각을 서술하는 것** (해결책, 미래예상 등)」의 두 가지가 메인입니다.

● 독해

독해 문제에서는 **인문계 · 사회계 · 과학계 · 예술계** 등의 **폭 넓은 장르**로부터 문제문이 선택됩니다. 문장 자체의 난이도는 그다지 높지는 않습니다만 제한 시간에 비해 문제 수가 많으므로 **재빠른 정보처리**가 요구됩니다.

설문 형식은 「**요지파악**」, 「**분문내용합치**」, 「**하선부설명**」, 「**공란보충**」이 메인입니다. 그 외에 문장구성에 관련된 설문과 문장 정렬 문제가 더러 출제되기도 합니다.

부록에는 **독해 문제의 해설을** 수록하고 있습니다. 해설은 대부분의 경우에 【해답의 근거】와 【선택지의 음미】라는 두 가지의 요소로 되어 있습니다만 이것은 「**해답의 근거가 되는 본문의 기술을 찾아내어 그것과 합치하는 선택지를 고르면 그것이 정답이다**」라는 독해 문제를 푸는 것의 원칙을 근거로 한 것입니다. 특히 일본유학시험의 독해 문제의 경우 자연스러운 문제 제작으로 되어 있으므로 이 프로세스를 따른다면 쉽게 정답을 도출해 낼 수 있습니다.

■ 해답 용지와 마크시트 기입할 때 주의점

일본유학시험 「일본어」의 해답용지는 답의 마크부분을 연필로 칠하는 마크시트 형식입니다. 마크농도가 옅다면 채점되지 않기 때문에 반드시 HB 연필을 써서 확실히 칠해야 하고 정정하고 싶은 마크는 지우개로 깨끗하게 지워주십시오. 정해진 장소 이외에는 기입하지 말고 시트를 더럽히지 않도록 주의해 주십시오.

기술문제에서는 올바른 원고용지 작성법이 요구됩니다. 최소한 아래 두 가지는 지켜서 적어주십시오.

1. 단락의 시작은 1칸 들여 쓴다.

(예)

	私	は	…	…	と	考	え	る	。	～							

2. 구두점과 괄호는 행의 앞에 쓰지 않는다.

(잘못된 예)

													～	と	考	え	る
。	～																

(올바른 예)

													～	と	考	え	る	。

또는

													～	と	考	え	る。

■ 이 책의 사용법

이 책 10회분의 모의시험 문제와 부록은 일본유학시험에 필요한 실력을 효과적으로 높일 수 있는 학습을 가능하게 합니다.

시험대책으로는 일본유학시험의 형식에 익숙해지는 것이 중요합니다. 시험 경향에 따른 모의시험으로 일본유학시험과 같은 시간, 같은 해답용지, 필기구를 사용하여 집중해서 풀어 봅시다. 해답 후에는 채점 결과를 분석하여 자신의 약점 분야나 부족한 지식을 파악하여 주십시오. 미숙한 분야나 약점을 중점적으로 복습하여 앞으로의 공부에 활용함으로써 보다 효과적으로 성적을 올릴 수 있습니다.

위와 같은 흐름에 따라 본 책의 모의시험을 반복하여 풀어가면서 기초 능력에 추가로 종합적인 고찰력이나 사고력, 한정된 시간에서 해답할 수 있는 독해력이나 판단력 등, 일본유학시험에 필요한 실력이 자연스럽게 향상됩니다.

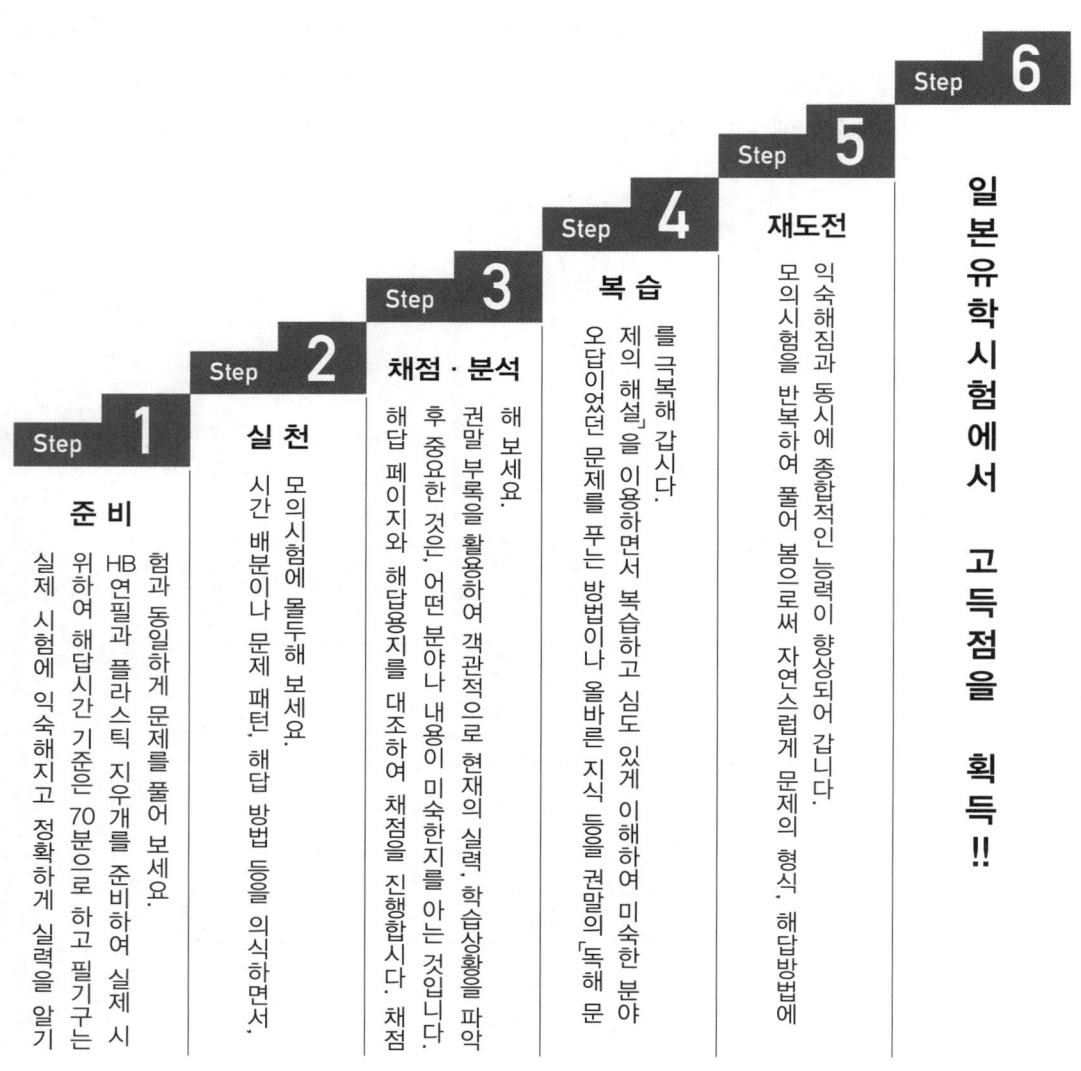

Step 1 준 비
실제 시험에 익숙해지고 정확하게 실력을 알기 위하여 해답시간 기준은 70분으로 하고 필기구는 HB 연필과 플라스틱 지우개를 준비하여 실제 시험과 동일하게 문제를 풀어 보세요.

Step 2 실 천
시간 배분이나 문제 패턴, 해답 방법 등을 의식하면서 모의시험에 몰두해 보세요.

Step 3 채점 · 분석
해답 페이지와 해답용지를 대조하여 채점을 진행합시다. 채점 후 중요한 것은, 어떤 분야나 내용이 미숙한지를 아는 것입니다. 권말 부록을 활용하여 객관적으로 현재의 실력, 학습상황을 파악해 보세요.

Step 4 복 습
오답이었던 문제를 푸는 방법이나 올바른 지식 등을 권말의 「독해 문제의 해설」을 이용하면서 복습하고 싶게 이해하여 미숙한 분야를 극복해 갑시다.

Step 5 재도전
모의시험을 반복하여 풀어 봄으로써 자연스럽게 문제의 형식, 해답방법에 익숙해짐과 동시에 종합적인 능력이 향상되어 갑니다.

Step 6 일본유학시험에서 고득점을 획득!!

목 차

第 ① 回　模擬試験

解答時間：70分

1

記述問題は，二つのテーマのうち，<u>どちらか一つを選んで</u>，記述の解答用紙に書いてください（解答用紙には，テーマの番号を書く必要はありません）。

文章は横書きで書いてください。

解答用紙の裏（何も印刷されていない面）には，何も書かないでください。

読解問題は，問題冊子に書かれていることを読んで答えてください。

選択肢１，２，３，４の中から答えを一つだけ選び，読解の解答欄にマークしてください。

記述問題

　以下の二つのテーマのうち，どちらか一つを選んで 400〜500字程度で書いてください（句読点を含む）。

① 　職場で人材を育成するにあたって，ある特定の仕事に専念させた方がよいという考え方と，いろいろな仕事を経験させた方がよい，という考え方があります。
　　あなたは，どのように人材を育成するのが望ましいと考えますか。会社，および仕事をする本人の二つの立場から考え，あなたの意見を述べなさい。

② 　近年，小説やマンガ・アニメを原作とした実写映画がよく作られていますが，割合としては失敗という評価を下されることの方が多いようです。
　　あなたは，小説やマンガ・アニメの実写化についてどのように考えますか。作り手，鑑賞者の二つの立場から考え，あなたの意見を述べなさい。

読解問題

I 次の募集内容の内容と合っているものはどれですか。　　　　　　　　　 1

俳句教室　参加者募集

　長谷市では，この度，４月１日（土）より，長谷市民センターにて俳句教室を開催することになりました。俳句を始めてみたい方，また，作ってみたことはあるけれどさらなる実力の向上を図りたい方，どなたでもご参加可能です。

・開 催 日：第１・３土曜日　初回は４月１日　※第５土曜日がある場合はお休み
・開催時間：14時〜16時
・開催場所：長谷市民センター　２Ｆ　第２会議室
・募集人数：40人（予定）　※超過した場合は，広い部屋に代えて開催いたします。
・参加条件：ございません
・教室内容：俳句に関する講義の後，各自提出の句を講師が公開で添削いたします。
・参 加 費：月5000円　※４月分は初回時にお支払いください。
・申し込み：３月27日（月）までに，件名「俳句教室 参加希望」として，氏名，住所，
　　　　　　電話番号，俳句（春の季語・二句）を明記の上，以下のアドレスに送信
　　　　　　してください。なお，ハガキでの郵送も可能です。

メールアドレス：hase-culture @ XXXX.lg.jp
宛　　　　　　先：〒100-0000　○○県長谷市朝日4-24
　　　　　　　　長谷市役所　文化振興課　俳句教室募集係

１．３回目は４月29日に開催される。
２．申し込みが40人を超えたら参加できない。
３．受講前に俳句を提出する必要がある。
４．俳句の添削は個別に行われる。

II　次の文章で，筆者は，財政とはどのようなものだと言っていますか。 　2

　僕たちの「いのち」や「生活」を守るための方法をみんなで考え，それに必要なお金を税金として払う，これが財政の基本的な姿です。

　失業した時に収入をおぎなったり，ゴミを集めたり，医療を提供したり，学校を作ったり……僕たちは，いや，世界の人たちは，財政を作り出すことで，生きていくために必要なものをたがいに提供しあって生きてきたのです。

　ここで注意してほしいことがあります。財政は，社会のメンバー全員のいのちや生活を守るためにあるということです。

　もし，みなさんが他の人たちに無関心で，自分のいのちや生活にしか関心を持たないとすればどうでしょう。きっと，税を払うのはつらくてしかたなくなるでしょうね。だって，自分で稼いだお金を自分のために貯金すればすむ話ですから。

（井手英策『18歳からの格差論』東洋経済新報社）

1．人々が自分の生活の保障のために，自らお金を貯めること
2．生活に必要なものを人々が互いに提供し合うこと
3．特定の人々から税を集め，それをその人たちの生活保障のために使うこと
4．社会の成員から広く集めた税を使って，成員すべてのいのちや生活を守ること

ウグイスの卵からかえったばかりの，まだ耳の聞こえない小さいひなを，音を完全に遮断した箱の中で育てる。するとそのひなは，何の音も聞かずに育ってしまう。もちろん親のさえずりも聞くことはない。

鳥のひなは育つのが早いから，一カ月もすると大人になって巣立ちをするが，その後も同じように何の音も聞かせずに育てていくと，繁殖期が来てもさえずらないことがわかった。

このことは人々にとって大変な驚きであったらしい。当然，その鳥が大人になれば，遺伝的に備わっているはずの特徴的なさえずりをするようになるのだと思っていたからである。ところがそうではなかった。遮音室や遮音箱の中にひなを入れ，親のさえずりを聞かせないで育てると，大人になってもさえずれない鳥ができてしまうのである。どうやら小鳥たちは，（　Ａ　），ということになった。

（日高敏隆『人間は遺伝か環境か？』文藝春秋）

1．さえずりのできるものとできぬものに分けられるらしい
2．さえずりを学習せねばならないようだ
3．先天的にさえずりの能力を持っているようだ
4．生後間もなくさえずることができるようになるらしい

IV 次の文章で，筆者は，材料科学はどうであるべきだと言っていますか。　　　4

　そもそも材料とは何か。私たちは，あらゆる物質の中で人間の社会の役に立つものを材料と呼んでいます。したがって，材料科学は人間の生活や社会の発展を根底から支える学問とも言えるでしょう。

　ところが，材料として使われるものは時代によって変わってくる。例えば現在の液晶テレビやパソコンのディスプレイには，透明で電気の流れる材料が必ず使われていますが，その物質が初めて見つかった1953年当時は，まだ何の価値も認められていなかった。つまり，まだ「材料」とみなされていなかったんですね。それが，液晶ディスプレイが当たり前となった今では，非常に価値の高い材料として扱われている。

　材料になる物質というのは，今すぐにその価値が認められる必要はないんです。逆にいえば，今はまだ使えなくても，いつか使う日が来たときのために，そういうものをどんどん蓄積しておかなければいけない。未来に対して重要なことというのは，今からやっておかないといけないんです。そういう意味で，材料科学という分野は，未来のために蓄積していく領域なんですね。

（細野秀雄「好きなことにバカになる」『私と世界，世界の私』水曜社）

１．何が将来役に立つか，正確に予測できなければならない。
２．現在役に立つ材料の開発のみを目指すべきである。
３．将来役に立ちそうな材料を今のうちから作っておく必要がある。
４．人間の生活の発展ではなく，真理の追究を目指すべきである。

　人間の物語（欲望）とはどのようにして成立するのでしょうか。

　基本的に，人は他人のいろいろな欲望の形を見てその中から面白そうなものを自分の欲望の対象として選ぶのです。動物と違って人間にはもともとの欲望の形というのはありません。

　たとえば夫婦喧嘩ばかりしている家に生まれた子供は，そこに抑圧感があって，平和な家庭を作りたいという欲望を選ぶようになりがちです。

　…（略）…

　だから，どういう欲望を持ちたいかは，人それぞれが置かれている状況や，彼がわれ知らず持っている身体性や無意識にかかわっています。

　しかし注意しなければいけないのは，厳密に言えば，この人がこういう欲望を持ったのは，これこれこういう理由からだと言い切ることはできない，ということです。人間の欲望の形は一般的には，彼が置かれている環境に作用されると言える。しかし，個々人の欲望は決してその生まれや育ち，環境などに還元することはできないのです。

（竹田青嗣『「自分」を生きるための思想入門』筑摩書房）

1．人がどのような欲望を持つかは，一概には決定されえない。
2．各個人が持つ欲望はすべて環境によって決定される。
3．人間は本能的に持つべき欲望が決まっている。
4．子供は常に親に対抗する形で欲望を持つものである。

VI　次の文章で，筆者は，数ある商品の中から自社商品を選んでもらうには，どうすればよいと言っていますか。

6

　現代の我々はどのくらいの情報量の中で暮らしているのだろうか？　巷（ちまた）にあふれる情報が多ければ多いほど，生活者は日常の生活の中で情報の取捨選択を行うという負荷がかかることになる。…（略）…アメリカではスーパーマーケットの商品数が4万点を超えるといわれている。そして平均的な主婦は生活必需品の80〜85％を150種類の商品から選択しているという。つまりスーパーマーケットの店頭に並んでいる39,850の品目が無視されていることになる。自社の製品は果たしてどちらに入っているのだろうか？　日々購入される150品目か，あるいは無視されている39,850品目か。

　このモノ余りの時代において，似たようなモノがあふれている売場から，自社製品を手に取ってもらうには，他社製品との明確な差異を作り，それを伝える必要がある。ここで重要な役割を担うのがブランドの"コンセプト"である。ブランドのコンセプトとは，そのブランドの本質，あるいはDNAを短く一言で表現したキーワードになる。自社商品のコンセプトが明快で，かつ生活者にきちんと伝わっていれば購入の際の情報処理は簡潔になり，生活者は迷わずに自社ブランドを選んでくれる。…（略）…まず消費者の頭の中にコンセプトが瞬時に浮かび，次に特徴を理解し共感まですれば，購入に至るのは難しくないのである。

（長崎秀俊『ブランド戦略入門』三弥井書店）

1．他社よりも高品質な商品を作る。
2．自社のコンセプトを明確に打ち出す。
3．自社製品に関する情報提供を怠らない。
4．自社のコンセプトについて丁寧に説明をする。

VII　筆者は，下線部「美を感じる心」が，どのような能力として機能していると言っていますか。

7

　とあるノーベル賞を得た科学者が，自分の理論を打ち立てるときに，二つの選択肢があって，どちらが正しいか迷ったというのです。そのとき，どうやって正解を得たかというと，「美しいほうを選んだ」というのです。こちらのほうが美しいと直感して，あとから検証してみたら，それが正しかったというのです。ここでは，美を感じる心が，一つの重要な能力として働いています。

　おそらく，こういう美をめぐる判断は，さまざまな分野においても大切なものなのではないでしょうか。ある経営者が，方針の選択をしないといけないとき，どれを選ぶか。また政治家が何かを判断しないといけないとき，それをどういう基準で選ぶか。もちろん，「利」を計算し，あれこれの要素を検討しないといけないことでしょう。しかし最後の決定力となるのは，やはり「美」なのではないでしょうか。美的センスなのではないでしょうか。美しいほうを選んだら，それが正解だった，ということも多々あるのではないでしょうか。美は，何かを判断するときに，力になるのです。

（布施英利『美の方程式』講談社）

１．利益を増やす経営能力
２．物事の本質を理解する能力
３．芸術センスを高める能力
４．物事を判断する能力

VIII 次の文章に書かれている，国語の時間に日本語を勉強する意味として<u>適当でないも</u><u>の</u>はどれですか。 8

　国語の時間に日本語の勉強をするのは，日本語こそ，日本という国の言葉であると見なされており，しかも日本に住んでいる子どもならだれでも，大人になるまでにこの言葉を使えるようになる必要があると考えられているからです。しかし，日本語といっても，地域によってアクセントや使う単語に特徴があります。東北地方で使われる言葉と，関西や九州，沖縄で使われている言葉では，違いがあります。ところが，国語の時間に勉強する日本語は，このような違いをこえた「標準語」・「共通語」と考えられています。

　国語の教科書を声を出して読んでみると，同じ文章でも，地方によるアクセントの違いがわかるはずです。それでも，日本語という一つの言葉がある。それを前提に，私たちは国語を学びます。

　つまり，国語の時間を通じて，日本語というひとまとまりの言葉があること，そして，日本語という共通の言葉を読み，書き，話す私たちは，日本という国の一員として同じであることを，学んでいるのです。

（苅谷剛彦『学校って何だろう』筑摩書房）

１．共通語としての日本語を学ぶ。
２．大人になるまでに日本語を使えるようにする。
３．自分は日本国の一員だということを認識する。
４．日本語には標準語しかないことを知る。

IX　次の文章で，筆者は，自身が「哲学の道」でひらめくことがなかった理由をどのように述べていますか。

　「哲学の道」は，近くに住んでいた哲学者・西田幾多郎の散歩コースでした。西田がここを歩きながらよくインスピレーションを得ていたことから「哲学の道」と名づけられました。

　私も京都を訪れた時，そこを歩けば何か良いアイデアが浮かぶのではないかとよこしまな考えを抱いて，たびたび歩いたことがあるのですが，そうしたことはこれまで一度もありませんでした。…（略）…

　過去に自分がひらめいた瞬間がどういう環境であったかを反芻（はんすう）していたのですが，そうした瞬間というのは，自宅から最寄りの駅に行く道や，いつも歩き慣れている道をリラックスして歩いている時がもっとも多かったのです。歩き慣れていない京都の「哲学の道」を歩くと，私はキョロキョロと周りの風景に目を奪われてしまって，脳がリラックス出来なくなってしまいます。つまりリアルタイム・オンラインで，時々刻々と周囲から入ってくる情報の処理に脳が手いっぱいの状態になっている。そんな時にひらめく余裕はさすがに誰の脳にもありません。

（茂木健一郎『ひらめき脳』新潮社）

1．よこしまな動機をもって歩いたから
2．西田と同じ経験をしていることに興奮したから
3．「哲学の道」を歩き慣れていなかったから
4．西田よりもひらめきに欠けていたから

Ⅹ　下線部「言葉でなんでもできる」ようになるためには，どうする必要があると筆者は
　　述べていますか。　　　　　　　　　　　　　　　　　　　　　　　　　　　10

　　コピーライターは読書が好きです。言葉が好きです。文字そのものが好きです。仕事だ
から当然でしょ，と言われればそれまでですが，仕事である以前に好きです。
　　本来人間みんなそうであるはずなのです。言葉で人とつきあい，言葉で生きているので
すから。誤解を恐れずに言うと，人間，言葉でなんでもできる。…（略）…
　　言葉は無力だ，ともよく言います。現実によくあります。それは「言葉は無力」なので
はなく，「その言葉が無力」だということです。力になる言葉が見つかっていないだけの
ことです。
　　私はそう信じています。言葉でなんでもできると言いながら，かなりのことはできてい
ると思いますが，まだまだできないことがたくさんあります。それは言葉の力のせいでは
ありません。私個人に言葉の能力がまだまだ身についていないだけのことです。言葉を見
つける能力か，さもなければその能力はあるのに，見つけ出す努力が足りないだけのこと。
そう思います。

（鈴木康之『文章がうまくなるコピーライターの読書術』日本経済新聞出版社）

１．言葉が現実に及ぼす力を信じる。
２．適切な言葉を見つける力を高める。
３．言葉の学習のために読書をする。
４．言葉が無力であることを認める。

XI　次の文章を読んで後の問いに答えなさい。

　画一化と多様化と，どちらがいいかと聞かれれば，ほとんどの人は多様化がいいと答えるだろう。自分の個性を押し殺す画一化を望む人はあまりいない。

　ところが，皮肉なもので，あまりに多様化が進むと，人は不安になる。ひとりひとりが違うと，自分はこれでいいのか自信が持てなくて不安になるのだ。あるいは，多様化が進むと共感が薄れる。私はこれが好きと言っても，人からは「へえ，そう」と言われて終わる。「ああ，そうだね，それいいね，それ僕も好きだよ」という共感を得にくくなる。

　まったく画一的であることは望まれないが，みんなが全然違うという状態はお互いの共感を得にくくし，不安をもたらすのである。

　逆に，ある程度画一的であることは，みんな同じだねという安心感を与え，多くの人が共感しあえるというメリットがある。

　制服のない高校の女子生徒が制服をほしがるという話も聞く。女子生徒にとっては，自分らしい格好をすることよりも，女子高生らしい制服を着ることのほうが（　A　）ということもあるのだ。

　…（略）…

　このように人は，個性化，多様化と言いながら，他方では画一化，同質化を求めているのである。特に現在のように，不況が長期化し，先行きが不透明になると，人はより画一的な格好をして，不安を解消しようとするのではないだろうか。

（三浦展『愛国消費』徳間書店　を参考に作成）

問1　（　Ａ　）に入るものとして，最も適当なものはどれですか。　　　　　　　11

1．安心だ
2．安上がりだ
3．画一的だ
4．今風だ

問2　この文章の内容と合っているものはどれですか。　　　　　　　　　　　12

1．先行きが不安な社会では，多様化をよしとする価値観が支配的になる。
2．画一的な社会では，自分に自信が持てない人が増える。
3．多様化が進み不安になった人々は，今度は画一化を求めている。
4．皆が同じような格好をしても，互いの共感を得ることはできない。

XII　次の文章を読んで後の問いに答えなさい。

　田んぼのように人間の働きかけがある＊二次的自然では，むしろ生き物の種類が多いことが指摘されています。

　ふつうに考えれば，自然に対する人間の活動は，自然に悪い影響を与えるような気がします。それなのに，どうして生き物の数が増えるのでしょうか。

　生態学の「中程度撹乱仮説」という考え方は，これをうまく説明しています。

　自然に対して自然開発のような強い撹乱があると，多くの生き物が生存できなくなり，結果として生物の種類は減少します。これは，よくわかります。それでは，撹乱がまったくない安定した自然ではどうなるでしょうか。

　じつは，撹乱のない安定した自然も，生き物の種類は減ってしまうのです。これは，どうしてでしょうか。

　自然界は弱肉強食の世界です。安定した環境下では，生き物どうしの激しい生存競争が繰り広げられます。そして，限られた強い生物のみが繁栄し，弱い生物は生存できなくなります。その結果として，安定した環境下では生物の種類が減ってしまうわけです。

　これに対して，ある程度の弱い撹乱がある場合はどうでしょうか。不安定な環境では，競争に強い生物だけが繁栄することはありません。そのため，競争に弱いさまざまな生物が生存できるチャンスができます。そして，結果として生物の種類は増えるのです。

　…（略）…草を刈ったり，耕したり，田んぼに水を入れたりする人間の自然に対する働きかけは，この中程度の撹乱に相当すると考えられているのです。

（稲垣栄洋『田んぼの営みと恵み』創森社）

＊二次的自然：原生自然（一次的自然）が破壊された後に成立した自然

問1　下線部「これ」が指している内容はどれですか。　13

1．二次的自然には，人間の働きかけがあること
2．人間の働きかけは，自然に悪影響を与えること
3．二次的自然では，生き物の種類が多いこと
4．人間の強い働きかけがあると，生き物の数が減ること

問2　田んぼでは生き物の種類が多いのはなぜですか。　14

1．人間の撹乱によって，生き物同士の生存競争がなくなるから
2．人間の働きかけが，すべての生物が生きやすい環境を作り上げるから
3．人間による弱い撹乱によって，弱肉強食の関係が逆転するから
4．人間による中程度の撹乱が，弱い生物に生き残るチャンスをもたらすから

XIII　次の文章を読んで後の問いに答えなさい。

　書物はいつの世にもゆっくりと読むべきである。

　こんなにも本がたくさん出ているのに，と言うかもしれない。しかし，同じようにレコードだってたくさん出ている。展覧会もいたる所で開かれている。だからといって，音楽を能率的に聴き，絵画を急いで見る人はいまい。それなのに，こと本に関する限り速読を目指すというのはどういうわけなのだろう。おそらく，書物というものが鑑賞するというより，知識の伝達の媒体と思われているせいであろう。（　Ａ　）本とレコードでは違う。本のほうがはるかに多目的である。鑑賞するというよりは情報を得たいために読まれる本のほうがずっと多いだろう。だが，そんなことは充分承知の上で，なおかつ，私は遅読を勧める。なぜか？

　速く読むということは一見能率的のように思えるが，結局は損をすることになるからだ。私も必要に迫られて急いで読まざるを得ないことがある。ところが，急いで読んだ本に限って，あとに何にも残っていない。そこでもう一度読み直さなければならないことになる。そして，改めてゆっくり読み直してみると，最初に読み飛ばしたそんな読書が何の意味も持っていない——どころか，全く読み違えていたことに驚くのである。こうなると，速読するよりは，読まないほうがましである。なぜなら，誤解は無知よりも有害だからである。

（森本哲郎『読書の旅』講談社　を参考に作成）

問1　（　A　）に入るものとして，最も適当なものはどれですか。　　　15

1．しかし
2．確かに
3．なぜなら
4．だから

問2　筆者が考える「読書」についての説明として，適当なものはどれですか。　　　16

1．本を速く読んだところで，誤読しては意味がない。
2．書物は知識を得るために読むものである。
3．たとえ誤読であっても，読まないよりはいい。
4．知識を得るためならば，速読した方がよい。

XIV　次の文章を読んで後の問いに答えなさい。

　現代の都市は市民が主体だと言われながら，各自にとってその実感は薄い。まだ民主主義社会が未熟なことによるのだろう。市民は，わずかに選挙のときに意思表明できるのだが，投票率の低下に見られるように，関心が低い。その不備を補い，常時，市民が都市に関心をもつように，市民参加や直接民主主義が叫ばれるようになってきた。

　それもいいのだが，もっと日常的にはっきりした市民参加の場がある。それは，日常生活の中で行われる美しい都市景観づくりに貢献すること，つまり景観という協働作品づくりに参加することだろう。自分の家を建てるのはもちろん，家の周りの垣根を整え，美しい花を飾ることも，市民が都市景観をつくっている行為になる。初めてヨーロッパの街を訪れたとき，窓辺に美しい花を飾っている都市の姿をみて感動した。それは，自分のためよりも「まち」全体のためだった。都市景観は市民がつくる作品になっていた。

　ごみを一つ拾うのも景観に貢献しているし，逆にごみやタバコの吸殻を道に散らかせば，景観を傷つけるマイナスになる。気にも留めないでいる人の行為でも，景観にプラスあるいはマイナスに働き，その行為の累積が現在の景観になっている。日常的に都市景観づくりに参加していることに気がつけば，都市は市民に身近に感じられるものになるだろう。

　よりよい都市景観にするために，市民がバラバラではなくお互いに共通する目的に向かう意思が働けば，市民の協働作品になってゆく。一人一人は巨大な作品のパートを分担しているわけだ。抽象的・観念的な「市民参加論」ではなく，誰でも参加できる日常的な実践の場としてあるのが都市の景観づくりだ。

（田村明『まちづくりと景観』岩波書店）

問1　筆者がヨーロッパの街を訪れたとき，感動したのはなぜですか。　　　17

1．美しく飾り立てられた家々を見て，その美意識の高さを感じたから
2．市民の政治意識が高く，成熟した民主主義社会がそこにはあったから
3．まち全体に芸術作品があふれ，まちが一つの作品となっていたから
4．市民が都市景観づくりに参加している姿を目の当たりにしたから

問2　筆者が「市民参加」を考える上で重視していることとして，適当でないものはどれ
　　　ですか。　　　18

1．みんなが参加すること
2．共通の目的を持つこと
3．真剣に議論すること
4．日常の場で行うこと

XV　次の文章を読んで後の問いに答えなさい。

　　座標軸では，軸を立てるにあたって何を軸にするのかという設定が大事になりますが，これは，現実を説明するためにいい分類の仕方は何だろうと考えるのと，ほぼ同じことです。そしてそれ自体については，やはり文系・理系の区別はありません。私は，座標軸の考え方を応用するだけで，多くのことがらの理解や問題解決に役立つと思っていて，常に座標軸で考えるようにしてきました。

　　そうしたら，世の中がなんてすっきりするんだろうと感じると同時に，軸を立てるという作業が，実にクリエイティブなものであることがわかってきました。軸を立ててはじめて分類が可能になるのですから，すべては軸の立て方次第といいいますか，視点の獲得とかあたらしい考え方を生みだす作業が，実は軸を立てるという作業の支配下にあることがわかってきたのです。

　　私たちは高校の数学の時間に，xとyを使った座標軸を延々と描いてきました。…（略）…問題は，その経験が今の自分の中に活きていないということです。なぜ活きていないかというと，座標軸の考え方の面白さを知らないままだったからでしょう。数値を入れて式を立て，グラフに描けばいいんでしょうというように，数学の勉強をただの作業にしてしまったからですね。

（齋藤孝『数学力は国語力』集英社）

問1　筆者が述べる，座標軸を用いることのメリットとして正しいものはどれですか。

　　　　　　　　　　　　　　　　　　　　　　　　　　　　　　　19

１．効率的にものを覚えられる。

２．物事の新しい分類が可能になる。

３．数学の勉強が楽しくなる。

４．文系の人も理系的に考えられる。

問2　この文章の内容と合っているものはどれですか。　　　　　20

１．座標軸を思考の道具として用いることを知らない人が多い。

２．数学に限らず単純な作業から独創的な仕事は生まれる。

３．文系の人には座標軸的な思考は難しい。

４．座標軸の立て方には一つの正解がある。

XVI　次の文章を読んで後の問いに答えなさい。

　少しまえから「空気が読めない」という言葉が頻繁に使われるようになった。自分の周囲の環境，雰囲気，人間関係，他人の感情，いろいろなものを察知する必要性が，この「空気を読む」という表現に込められているようだ。…（略）…

　空気を読むことで，流れに逆らわないことも必要だが，空気を読むことで，余計な流れに巻き込まれることだってある。

　流れに乗っているときは，自分の身近に摩擦が生じない。周りも同じ速度で流れている，それが「流されている」状態だからだ。しかし，少し遠くを見ると，自分が思いもしない危険な方向へ向かっていることに気づく。このように，身近なところに囚われてばかりいると，大きな損をする危険性がある。

　近くだけでなく，ときどき遠くを眺めること，これがつまり，自分の客観的な位置を測ることであり，これによって自分の立場を知ることができる。この情報こそ，自分が向かうべき方向へ進もうという努力のきっかけになるだろう。「空気を読む」ことにあまりに熱心になっていると，「空気さえ読んでいれば安心」という人間になる。ずっと流されている状態だ。周囲のいいなりになっていると，惨めな不自由さにいずれ気づくことになるだろう。

（森博嗣『自由をつくる　自在に生きる』集英社）

問1　下線部「この情報」とは，何についての情報ですか。　　　21

1．周囲を支配している空気

2．自身の，空気を読む能力

3．流されていく先にある危険

4．自分の世の中における立ち位置

問2　この文章で，筆者が勧めていることはどれですか。　　　22

1．空気を読む生き方は不自由であると喧伝（けんでん）する。

2．あえて周囲の空気に逆らって生きる。

3．摩擦が生じないように流れに身を任せて生きる。

4．自分の立場や全体的な状況を俯瞰（ふかん）的に把握する。

XVII　次の文章を読んで後の問いに答えなさい。

　国家と比べて文化はより強い自己同一性を身上としており，文化と比較するなら国家は分裂症的症状をみせることが稀ではない。ということは，文化が「自然」であるのに比べて，国家がつねに人工的未完の作品だということであろうか。

　ところが日本の場合，この国家と文化の乖離がはなはだ（　Ａ　）。国としての日本がそのまま文化の様相を呈している。と，どういうことになるかというと，外国人が自己のアイデンティティを保ちながら，この国に受け入れられ，快く生活することが難しい。この国の文化を全面的に受け入れないと，すなわち自分の文化的存在を最大限括弧に入れないと，生活しにくい。ニューヨークの空港に着くと，人は自由の空気に触れる思いがするといわれるが，成田空港ではそのような空気は感じられず，彼らがよくいうように，息づまる思いがするのである。東京人が*丹波の村に入るようなもので，つねに異質な存在として四方から凝視され，まるで動物園の檻の中にいるように感じてしまう。それまでは無意識でしてきた咳一つ周囲を気遣わずにはできない。歩き方一つが観察され，ときには嘲笑の対象になっていると感じてくる。日本にきたのだからと，ニューヨークでアスレチック・クラブに行くように，風呂屋に行くと，これはもう「ムラ」をあげての大事件とされてしまう。そこで彼らは，東京も日本も大きなムラであり，イナカモノであり，文明開化からほど遠いと心のうちで独語しつつナリタを発って行くことになる。

　今日ほど日本人が自信を持ちしかも内心不安を感じている時代はないかもしれない。経済的には間違いなく大国であり，技術面でも西欧に**伍している。自信が湧いてくる。しかし，諸国との交流においては何一つうまく行かない。誤解され，危険視され，いつか世界中からつまはじきにされてしまうかもしれない，と不安にかられる。しかし，なぜこうなのかわからない。そこで異文化とのコミュニケーションが紙上をにぎわせることになる。

（古田暁「異文化ということについて」

岡部朗一・久米昭元『異文化コミュニケーション』有斐閣）

＊丹波：兵庫県の一地域
＊＊伍す：同じ水準に位置している

問1　（　A　）に入るものとして，最も適当なものはどれですか。　　　　　　　23

1．小さい
2．非文明的だ
3．排他的だ
4．著しい

問2　下線部「ナリタ」は，カタカナで書かれていますが，そこに込められている意味と
　　して，最も適当なものはどれですか。　　　　　　　　　　　　　　　　　　24

1．日本では外国語がほとんど通じないということ
2．外国人にとって日本がよそよそしい場所であるということ
3．日本にはまだ未開発な土地が多く残っているということ
4．日本が十分に西欧化を成し遂げているということ

問3　日本において，異文化コミュニケーションの話題が紙上をにぎわせているのはなぜ
　　ですか。　　　　　　　　　　　　　　　　　　　　　　　　　　　　　　25

1．日本文化が異質であることに気づいたから
2．外国人旅行者が増加してきているから
3．外国人との交流に不安を感じているから
4．世界有数の経済大国になったから

第 ② 回　模擬試験

解答時間：70分

2

記述問題は，二つのテーマのうち，<u>どちらか一つを選んで</u>，記述の解答用紙に書いてください（解答用紙には，テーマの番号を書く必要はありません）。

　　文章は横書きで書いてください。

　　解答用紙の裏（何も印刷されていない面）には，何も書かないでください。

　　読解問題は，問題冊子に書かれていることを読んで答えてください。

　　選択肢１，２，３，４の中から答えを一つだけ選び，読解の解答欄にマークしてください。

記述問題

　以下の二つのテーマのうち，どちらか一つを選んで 400〜500字程度で書いてください（句読点を含む）。

① 　近年，目新しいデザインや斬新な*コンセプトを重視し，住みごこちを犠牲にした建築物が増えています。
　　このような建築物の**是非について，あなたの考えを述べなさい。

② 　現時点で正しいとされる言語表現から外れた言葉遣いが広く使われることを，言葉の乱れと言います。
　　この言葉の乱れという現象の是非について，あなたの考えを述べなさい。

*コンセプト：考え方
**是非：良いか悪いか

読解問題

I　次のお知らせ内容と合っているものはどれですか。　　　　　　　　1

〈日本文化論 I　レポート課題〉

課題内容：全15回の講義のテーマの中から1つを選び，具体例とともに，日本文化に
　　　　　ついて論じなさい。

分　　量：A4用紙5枚

　　　　　※1枚　40字×30行として書くこと。

形　　式：横書き。表紙に授業名・所属学部及び学科・氏名・学籍番号を明記すること。

提出期限：8月31日（木）14時

　　　　　※締め切り厳守。

提出方法：アドミニストレーション棟1F教務窓口へ各自持参のこと。

評価方法：出席2割，レポート課題8割とする。

1．成績はレポート課題のみで評価される。

2．レポート課題のテーマは自由に設定してもよい。

3．期限を過ぎての提出は認められていない。

4．レポートの分量はおよそ4000字程度である。

II　下線部「日本人の場合，無宗教ではあっても無神論者はほとんどいない」のはなぜだ
　　と筆者は述べていますか。　　　　　　　　　　　　　　　　　　　　　　　　2

　　日本以外の国の多くでは，無宗教（no religion）という言葉は無神論者（atheist）を
意味すると解釈され，「道徳的に問題がある人」と思われてしまうことがある。…（略）
…
　　僕は無神論者が道徳的に問題を持っているとは思わない。でも信仰を持つことが当たり
前の国や民族から見ると，信仰を持たないということは，とても特別なことであると思わ
れる場合があることくらいは，あなたにも知っておいてほしい。世界の基準からいえば，
特定の宗教を持たない人が多いこの国のほうが，（いいか悪いかは別にして）例外的な存
在なのだ。
　　それに無宗教であることと無神論者であることは同じではない。特に日本人の場合，無
宗教ではあっても無神論者はほとんどいない。
　　なぜ僕はそう断言できるのか。だって何かを持っていないと言うためには，その何かが
何であるかを知らねばならない。…（略）…もしも自らを無神論者であると断言するのな
ら，宗教や神とはいったい何なのかを，その前に理解せねばならない。でも理解している
日本人はとても少ない。

（森達也『神さまってなに？』河出書房新社）

1．神の存在を信じているから
2．道徳的に問題があると思われたくないから
3．宗教と神について分けて考えているから
4．神とは何かを理解していないから

III　次の文章で，筆者は，社会学が生まれる条件は何だと言っていますか。　　3

　　人はつねに「社会」のなかで生きている。われわれは，生の瞬間から死の瞬間まで，社会と共にある。このことは，古代エジプトや古代ギリシャの時代においても，また中世や近世においても，さらには現代にあっても変わらない。われわれ人間は，つねに社会のなかで自らの日常を生きているのである。そして，社会学がすぐれて自らのテーマとして設定するのが，ほかでもないこの「社会」である。

　　とはいえ，古代のエジプト人たちや古代ギリシャの哲学者たちは，また中世の神学者たちでさえも，そうした「社会」をテーマにする科学的な思考様式としての社会学を発達させることはなかった。彼らにとって社会は，われわれにとって通常そうであるのと同じように，ただそのなかで生きられるだけの，対象化以前の存在だったからである。われわれがそのなかで生きている社会は，当たり前の事柄としてそれが体験されているかぎり，探究の主題とされることはありえない。目で見ることも手で触れることもできない社会は，「発見」されないかぎりテーマ化されえないのである。

（那須壽編『クロニクル社会学』有斐閣）

１．社会の存在が対象化されること

２．社会そのものが形成されること

３．人々の思考が発達すること

４．人間が神から解放されること

IV　次の文章で，筆者は，美の判断とはどのようなものだと言っていますか。　

　なにかを「うつくしい」と判断するのは，ある客観的な基準によるのではなく，ひたすらわたくしたちの感性（主観）のはたらきにもとづくのだが，しかしその判断の結果は，なんらかの普遍性（共通性）をもちえるのではないだろうか。わたくしたちが，なにかを「うつくしい」と判断するだけでなく，その判断の結果を口に出し，書き表すのは，自分の判断が他のひとびとにも賛成してもらえる（妥当する）と，意識的にしろ無意識的にしろ，感じているからではないだろうか。主観的でありながら，ある普遍妥当性をもつこと……，しかしこれは，ある意味では矛盾したことであり，あるいは謎めいたことでもある。美の判断は，おそらくこの点で，真理や善の判断といちじるしくことなる。

（淺沼圭司『ゼロからの美学』勁草書房）

１．他者と理解し合うことはできない。
２．あくまで個人の主観に基づいている。
３．個別性と普遍性を持ち合わせている。
４．真理の判断と同じく普遍的である。

V　下線部「こうした法則性」とは何ですか。　　　　　　　　　　　 5

　森林浴という言葉がある。葉を透過した光は目にも優しいという。葉緑素は光合成に使うために，おもに赤と青の光を吸収し，緑の光を捨てている。それで葉は緑にみえる。葉を透過してくる光は赤と青の部分の波長が欠けた特殊な光なのだ。光合成は太陽の光を利用するので，葉はいつも光を十分に受けることができるように配列されている。木についたたくさんの葉をていねいにみてみよう。二枚の葉がぴったりと重なり合っていることはないはずである。

　ひとつの枝では，葉は枝の左右に並ぶが，重なりは少ない。たくさんの枝を出している木では，枝同士が重なり合うことが起きてしまう。時間をかけて観察していると，下方にきた枝は生長を止め，やがて枯れるか，別の方向へと枝を伸長していく。大風の日や秋には，相当量の枯れ枝が目につく。枝同士の光の奪い合いに敗れた枝の末路といえる。

　植物は自ら葉の重なりを少なくする。これが木や草のかたちを決めている。効率よく光合成することがその最も重要な要因だ。絵画として描かれた木や草を不自然であると判断できるのは，こうした法則性が木や草にあるからでもある。

　　　　　　　　　　　　　　　　　　　（大場秀章『植物学のたのしみ』八坂書房）

1．植物は葉緑素を使って光合成をする。
2．葉のつき方で植物のかたちは決まる。
3．葉を透過した光には，赤と青の波長が欠けている。
4．植物は葉の重なりが少なくなるように生長する。

VI　次の文章の内容と合っているものはどれですか。   6

　現在のわれわれは，マスメディアなしに自分の意見を決められません。それどころか，進学，就職，結婚，娯楽……，これらの判断基準をすべてマスメディアに頼って暮らしています。これらの問題を自分一人で考え，結論づけられる人なんて，ほとんどいません。

　もちろん，「私は情報を得ているだけであって，洗脳なんかされていない」という反論もあるでしょう。しかし考えてみてください。「価値判断抜き」の情報などを，メディアは流しているでしょうか。

　メディアに載ることが，暗黙のうちに価値を認められたということであり，載らないような情報は価値がない。そんなふうに，私たちはいつの間にか感じているのです。

　海の向こうの戦争は，近所の夫婦ゲンカより社会的に意味がある。

　私たちは，いつの間にかマスメディアによって，そのように洗脳されています。メディアに載った情報は，「メディアに載った」という，そのことだけで価値があり，そのことを疑いすらできなくなっているのです。

（岡田斗司夫『ぼくたちの洗脳社会』朝日新聞社）

１．メディアは社会的に重要な事柄しか取り上げない。
２．メディアが情報の価値の軽重を決定している。
３．メディアは人々を洗脳し一つの価値観に染め上げようとする。
４．メディアは事実をありのまま伝えている。

VII　次の文章で，筆者が最も言いたいことはどれですか。　　　　　　　　　　　7

　人間は，自然現象をコントロールすることはできません。火山の噴火も，地震も，台風も止めることはできないのです。では，できることはないのでしょうか。いえ，備えることができます。もし自然の猛威が襲ってきたら，どのようなことが私たちにおきるのか，どう対処したらよいのか，生き延びる術を，できるだけの想像を働かせて考えておくことが大切です。

　想像を働かせていざというときに備えるためには，自然のメカニズムを正しく理解しておくことが必要です。むやみに恐れることはありません。「正しく恐れる」ことが大切です。

　自然に抵抗することはできません。万が一のときにどうするか，その備えが大切なのです。日本列島に住む以上，自然災害とつき合っていかざるを得ません。自然の猛威が差し迫ってきたとき，何をするべきか，それを考え，備えておくことが必要です。

（川手新一・平田大二『自然災害からいのちを守る科学』岩波書店）

1．日本は自然災害の多い国であることを認識すべきだ。
2．自然災害に備えるには想像力と自然への理解が必要だ。
3．人間は自然現象をコントロールすることはできない。
4．自然のメカニズムを理解すれば自然災害は防げる。

VIII　次の文章の（　Ａ　）に入るものとして，最も適当なものはどれですか。　　8

　子どもには，どのようなおもちゃを与えればよいのだろうか。

　０歳半ばあたりの乳児が喜ぶ物にはいくつかの特徴がある。柔らかく，曲げられて，危険でない物。いくつかの部分からなっていて，探索し，組み合わせることができる物。口に入れて噛める物。味がする物。反応が返ってくる物。…（略）…

　１歳代になれば，自分の力を試し，達成することに関心が向く。だから，積み木を積むといったことを喜び，うまくいけば誇りを感じる。それを促すおもちゃがあるだろう。だが，同時にまだ，親が遊んでやる時期でもあり，親子の間を取り持つというのも大事なおもちゃの特性だ。２歳頃になれば，子ども同士の簡単なごっこが可能だから，それを誘うような，かなりリアルな感じのするミニチュアのおもちゃもよいだろう。

　要するに，（　Ａ　）おもちゃを与えればよい。だが，特定のおもちゃが決定的に重要だということではない。すべては使い方次第である。

（無藤隆『早期教育を考える』日本放送出版協会　を参考に作成）

１．発達の段階に応じた遊びにふさわしい
２．年齢に応じて子ども自身が要求する
３．各々の年齢の子どもにとって危険でない
４．子どもが一人でも十分楽しめる

IX　次の文章で筆者が述べている，人間と微生物との関係について説明したものとして**適当でないもの**はどれですか。

9

　世の中に抗菌を売り物にした商品が満ち溢れ（あふ）ています。日本人は潔癖に関する意識が高いようですが，果たして多くの商品に抗菌の性能が必要でしょうか。微生物は人間に対して敵ではありません。しかし，伝染性の細菌は感染の拡大を防止するために殺菌してストップをかける必要があります。その場合は抗生物質などの抗菌薬が不可欠です。微生物は棲みやすい環境に応じて生育し増殖しますから，人間に対して極めて有害な微生物であれば対策が必要です。…（略）…

　しかし，一般の微生物は良い菌であれ悪い菌であれ，人間と共生しています。人間は微生物を選択して有効にその手助けをして貰（もら）い，有用な物質に変換しているのです。これらの微生物をすべて抹殺する必要はないと思います。抗菌商品のオンパレードは微生物の存在をすべて否定するものと言えます。

（坂本卓『発酵食品の科学』日刊工業新聞社）

1．人間にとって危険な微生物は殺菌した方がよい。
2．微生物は有効に活用することが可能である。
3．微生物は危険なのですべて除去するべきである。
4．危険でない微生物とは共生が可能である。

Ⅹ　次の文章で筆者が述べている「いい出会い」の例として，最も適当なものはどれですか。

10

　どうすれば自分にとって好ましい人と出会うことができるだろうか。ある一定の方向へ進むと必ず出会いは生じるのであるが，必ずしもいい出会いばかりとはいえない。たとえば，クラブに踊りに行く，友人のパーティに顔を出す，高野山に修行に行く，どれでもいいのだけれど，人は何かを目指して進めば当然のように同じ思いを持った人々と接することになる。それこそ成り行きだ。ある程度目的は同じだとしても，あくまでも偶然に出会うからこそ楽しい。

　そういう意味では，すべてわれわれは「計画された偶然」を生きるわけである。できるだけ必然と思われることを最小限にとどめなければならない。それが楽しく生きるための最大の秘訣であって，人は偶然に身をまかせることによって初めて自由になれるのだ。

（植島啓司『生きるチカラ』集英社）

１．自分に利益をもたらしてくれる同僚との出会い
２．俳句教室に集まった人たちとの出会い
３．己の欠点を互いに語り合える級友との出会い
４．同じ電車に乗り合わせた人たちとの出会い

XI 次の文章を読んで後の問いに答えなさい。

　若者にはある種の野心が必要だ。出世欲が仕事や人間の幅を広げてくれることもある。私も，本店勤務で銀行の中枢を垣間見てきたことで，世の中を見る眼を養ったし，大組織を束ねる人間の生態を目の当たりにすることができた。これは今の私にとって大きな財産と言える。その意味では，人並みの出世欲があったことが幸いした。

　（　A　），ある程度の年齢になったら，出世欲は抑えたほうがいいだろう。ポストが上がるにつれて権限は大きくなるし，社内の権力構造もよく見えてくる。そのポジションで，あまりにもギラついた出世欲を抱いていると，ついつい 邪 な気持ちが芽生えたり，部下を巻き込んだ醜い抗争を起こしたりしかねない。

　幸いと言うべきか，出世にこだわる病は，ほとんどの場合，ある時期が来ればスーッと治ってしまう。それはサラリーマン人生が長くなると，社内での自分の位置付けをはっきり知るようになるからだ。自分の出世の限界が見えてくるのだ。その時期は誰にでも訪れる。

　だから，若い時には出世という病に罹患し，野心ギラギラで仕事に励めばいい。そして，ある程度の年齢を重ね，次第に自分の限界が見えてきたからといってガッカリしなくてもいいのだ。じっくりと病の治癒に努めればいい。誰でもいつかは必ず「お役ご免」の時が来る。その後の人生を豊かに過ごすため，自分を磨く時間を大切にすればいい。

（江上剛『会社という病』講談社）

問1　（　A　）に入るものとして，最も適当なものはどれですか。　⬜11

1．一方
2．ゆえに
3．あるいは
4．かえって

問2　筆者が勧めていることとして合っているものはどれですか。　⬜12

1．出世の限界が見えてきても，出世は諦めない方がよい。
2．若いうちはとことん出世にこだわった方がよい。
3．出世のためにも，組織の中枢に身を置いた方がよい。
4．若いうちから老後のために自分磨きをしておいた方がよい。

XII 次の文章を読んで後の問いに答えなさい。

　生活習慣病で通院されている方々は，病院でも「偏食をせず，バランスのよい食事をとりましょう」「運動をしましょう」といったアドバイスを受けていることでしょう。けれど，薬を飲めばひとまず問題となっている症状は抑えられるため，生活を改めなくてもほとんどの人は「薬で治った」と勘違いしてしまうのです。

　一方，生活習慣を改善するといっても，口で言うほど簡単なことではありません。

　最初に受診したときに，「生活を改めなければ」と危機感を持っても，薬を飲めばとりあえず症状が抑えられるため，自分の生活習慣を改めることを先送りしてしまう。

　そして，薬がなくなれば病院に行き，処方された薬を薬局でもらい，その薬がなくなったらまた病院に行く。

　こうしたサイクルが習慣化してしまうと，もはや「生活習慣を改めよう」という気持ちなど，すっかり忘れてしまうのでしょう。

　もしも薬が自然のものであり，私たちが古来より口にしてきた食べものであったなら，薬を服用するという習慣を取り入れたことは，食生活を変えたことになりえます。

　しかし，残念ながら薬は合成品であり，決して自然のものではありません。

　自然でないということは，食べものではないということです。私たちの身体は，食べものではないものを異物としてとらえます。体内に異物が入ってきた場合，身体は，それを一生懸命解毒しようとするのです。

　しかも薬には副作用がつきもの。物事には必ず光と陰があるように，薬もまた症状を緩和するという光と副作用という陰を併せ持っているのです。

　　　　　　　　　　　　　　（宇多川久美子『それでも薬剤師は薬を飲まない』廣済堂出版）

問1　生活習慣病の人が，生活習慣を改めるのが難しいのはなぜですか。　　　13

1．薬を飲めば生活習慣病は治るから
2．習慣を変えるには強い精神力が必要だから
3．薬を飲むと症状が一時的におさまるから
4．生活習慣が病気の原因だと思っていないから

問2　筆者によると，薬とはどのようなものですか。　　　14

1．自然由来の成分でできているもの
2．病気を完治させてくれるもの
3．人間にとって諸刃の剣であるもの
4．現在では食生活の一部になっているもの

XIII　次の文章を読んで後の問いに答えなさい。

　人が生きていくうえで，*ルサンチマンに絡め取られそうになる場面はたくさんあります。
人間の生にとって必要な負の感情として，ルサンチマンには人間の本質的な何かがあるの
です。ルサンチマンは誰にでも起こりうる感情です。しかし，ルサンチマンにとらわれす
ぎたり，とらわれ続けていたりすると，結局のところ，自分自身の「生」の可能性を閉ざ
してしまうことにつながるのです。だからこそ，それにとらわれ続けないことが大切なの
です。

　…（略）…最近の傾向として優秀な生徒や，かわいくて目立つ子がいじめのターゲット
にされるケースが増えているというのも，そうした「卓越した何か」を目の当たりにした
ときに，自分の中にそうした卓越性を感じられない多くの子どもたちのルサンチマンが，
原因の根っこにあることが多いようです。

　自分がそんなルサンチマンの感情に囚われがちなときは「自分は自分，人は人だ」とい
う，ちょっと突き放したようなものの見方をしたほうがいいと思います。…（略）…

　「クラスはひとつ，みんないっしょだ」というような幻想が強すぎると，人と少し違う
子がルサンチマンのターゲットになってしまうことがあるのです。体育祭や文化祭など，
学校行事の中で何か目的があるときに，期間限定で団結して一生懸命になれることは，と
てもいいと思います。でも，日ごろはやはり「あまり濃密な関係を学校空間の中で求めす
ぎない」ということが，教師や大人の心得として，じつは大事なのではないかと思ってい
ます。

（菅野仁『友だち幻想』筑摩書房）

　＊ルサンチマン：ねたみ。恨み

問1　最近のいじめの原因は何であると筆者は言っていますか。　15

1．優れた能力を持つ子の横柄な態度
2．協同性の欠如した学校空間
3．体育祭や文化祭などの学校行事
4．卓越性を持つ子に対するねたみの感情

問2　筆者の考えと合っているものはどれですか。　16

1．教師はクラスの同質性を高めるよう努めなければならない。
2．ある程度個人主義的であった方が，ルサンチマンからは解放される。
3．ルサンチマンは人にとって全く必要のない悪感情である。
4．学校行事においてもクラスは団結する必要はない。

XIV　次の文章を読んで後の問いに答えなさい。

　もともと人間は，好奇心が非常に旺盛な生き物です。今まで感じることのできなかった環境世界を感知することができるようになれば，それだけでも大きな満足です。さらに，行けないところに行けるようになる，持ち上げられなかった物が持ち上げられるようになる，作れなかった物も作れるようになる，もうこうなってくると，好奇心というよりも欲望と言った方がいいかもしれませんが，それを実現することを，科学技術は可能にしてくれたのです。

　当然これは，人間にとってはおもしろいしありがたいことですから，どんどん先へと進みます。科学技術は，ある意味，夢をかなえてくれる道具だったのです。科学技術の歴史は，人間がその夢をかなえ，欲望を満たすための道具を開発してきた歴史だと言ってもいいでしょう。

　さて，問題は，科学技術の発展が累積的だということです。自転車ができて速く遠くへ移動できるようになったら，次は，より速く，より大量に移動できるように改良したり，新しい道具を開発したりします。（　Ａ　）。だから，全自動洗濯機がはじめて届いて感動していても，しばらく経つとそれが標準の状態になってしまって，さらなる便利さを求めていくわけです。

　この累積性というのは，科学技術に限らず人間の文化現象すべてに共通の特徴です。文学作品だって美術作品だって，今までには表現されていないテーマや技法を求めて，作家たちは苦労しています。過去が蓄積されていて，そこから出発しているわけです。科学技術も累積的に発展してきたからこそ，これだけ膨大な知識を集めることができ，強大な道具を作ることができるようになったわけです。

（佐倉統・古田ゆかり『おはようからおやすみまでの科学』筑摩書房）

問1　下線部「これ」は，何を意味していますか。　　　　　17

1．不可能が可能になること
2．好奇心が旺盛であること
3．欲望が大きくなっていくこと
4．科学技術が累積的だということ

問2　（　Ａ　）に入るものとして，最も適当なものはどれですか。　　18

1．積み重ねという点で，科学は芸術に似ているのですね
2．科学技術の発展は，人間を怠惰にしてしまうのですね
3．今，到達しているところが，次への出発点になるのですね
4．科学技術は人間の欲望を満たすためにあるのですね

XV　次の文章を読んで後の問いに答えなさい。

　ウツという言葉が近年あたかもファッションのように気軽に口にされるようになった状況は，本物のウツ病を患っている患者さんにとっては，実は<u>都合のいい面</u>もあります。それは，ウツという病気に対してちょっと後ろめたいような気分に陥る必要もなく，ある程度オープンに治療に取り組める風潮になってきたことを意味するからです。

　つまり，「精神病理の治療」という，本人にとってはたいへん高かったハードルが以前よりもずっと低くなり，積極的にウツ病治療に取り組むことができるように変わってきたわけです。

　しかし，一方で大きな弊害もあります。それは，ウツ状態を軽く扱う風潮が生まれると，ウツ病の本当の姿が見えにくくなるということです。たとえば，ウツといって精神科や心理カウンセラーのもとを訪れてくるかなりの割合の人々は，実際は投薬などの医学的治療が必要な「本当のウツ病」とは言えない，いわば，「ウツもどき」の症状に過ぎないのが実情です。…（略）…

　こういう人たちは，話をちょっと聞いてあげるだけで，すっきりした顔をして二度と来ることがない。つまり，彼や彼女らは，ウツというラベルを自分に貼ってもらい，それで落ち込むどころか，自己満足するようなところがあるのです。

　そこには*メランコリックな人は知的であるといった自己愛的な心理があったり，ウツという記号を不安な心の一時的避難所として利用しようという無意識の働きがあるのかもしれません。こういう人たちは，どうにも避けがたくウツ病を患ってしまった人とは違って，むしろ「ウツになりたいという病」とでもよぶべき，おかしな心理状態に陥っていると思えて仕方ないのです。

（植木理恵『ウツになりたいという病』集英社）

　　*メランコリック：ゆううつなさま

問1　下線部「都合のいい面」とありますが，どう都合がいいのですか。　　　　19

1．以前より気軽に，ウツ病治療に取り組むことができるようになった。
2．同じウツ病患者が増えて，孤独感を味わわずに済むようになった。
3．ウツがファッション化して，偏見の目で見られることがなくなった。
4．ウツ病患者が増えたことで，ウツ病に対する治療の質が向上した。

問2　「ウツになりたいという病」の人とは，どのような人ですか。　　　　20

1．ウツ病が改善してすっきりしている人
2．症状は軽いが本当にウツになっている人
3．全くウツ状態にはないような人
4．ウツという診断に安心したいだけの人

XVI　次の文章を読んで後の問いに答えなさい。

　　文学は実生活で役に立たない，といういささか荒っぽい通念があります。…（略）…

　　でも，そのような見方って，何か変だなって，違和感がありませんか？　あまりにも単純な考え方をしている気がして。

　　結論から先に言ってしまえば，文学というものは，そのような問題の前提そのものを疑うのです。つまり，〈役に立つ／役に立たない〉という二つの区分が（　A　）に存在しているような発想って本当なのだろうか？「そもそも，そのような分け方っておかしくない？」と問題設定の有効性を疑います。問題の前提そのものを突き崩すわけです。役に立つとか立たないとか，そうした乱雑な分け方をする発想がいかに浅薄なものであるか，文学はフィクションつまり虚構の言語によって，新たな現実をつきつけるのです。

　　世の中に流通している価値観への疑念と言ってもよいかもしれません。…（略）…世の中の常識や社会通念では，悪となっているけど，本当にそうだろうか，あるいは皆が当然のように善と考えているけど，何か変だな，むしろ悪とか善とか，そういう決めつけ方こそ問題がありそうだなといったように，文学が描き出そうとするのは善と悪の単純な構図をこえた向こうがわ，ニーチェの本の題名を使えば〈善悪の彼岸〉とでもなりますか。

　　ですから，文学とは日常の当たり前に思える発想を揺さぶる不穏なものでもあります。楽しいものであるけれど，場合によっては日常を裂く破壊的要素を隠し持っていることがあります。そうしたことが丸ごとおもしろいのです。

（中村邦生『はじめての文学講義』岩波書店）

問1　（　A　）に入るものとして，最も適当なものはどれですか。　　　 21

1．合理的

2．先天的

3．科学的

4．絶対的

問2　筆者の，文学についての考えとして正しいものはどれですか。　 22

1．文学は普段の生活を破壊する危険なものである。

2．文学は世の中の価値観への疑義から生まれる。

3．文学は虚構であり現実への影響力はない。

4．文学は日常生活の中で非常に役に立つ。

XVII　次の文章を読んで後の問いに答えなさい。

　人間の能力には，たぶんに生理的構造にもとづいてはいるけれど，しかし半ばは文明に
根ざしているものがあります。たとえば，歩行の能力もその一つです。人間は二足歩行を
する動物だといわれます。人類がいつから二足歩行をするようになったのか，あるいは人
類はなぜ二足歩行をするようになったのかについては諸説あるようですが，それはともか
くとして，生まれた子供が立って歩くようになるには教育が必要でしょう。
　…（略）…
　ついでながら，咳（せき）をする，泣く，笑うといった現象も一般に生理的現象と呼びますが，
これも完全に生理的かどうか，はなはだ疑わしい。たしかに咳は，喉（のど）がむずがゆくなって
抑えきれず出てくるものです。しかしながら，同時に私たちは半ば意識しつつ，意識的な
整形をおこなって咳をしているのではないでしょうか。そして，そういう整形をまったく
欠いた咳払いに接すると，それを無作法と感じるのではないでしょうか。
　咳には，日本の場合，「オホン」とか「エヘン」とか，「ゴホン」とか「コンコン」といっ
た擬声語があります。これらは，私たちが生理的な咳を整形して定型化した産物です。擬
声語というものはそれぞれの文明によって異なるもので，私たちは自然の現象として咳を
しながらも，自国の文明に従ってかすかにそれを整形し，一種の言語に近い記号に変えて
いるのです。
　…（略）…
　こうした生理現象といわれるものにしても，じつは幼児段階の教育によって，それぞれ
の文明のなかで違った発展をしてきました。つまり，（　A　）といえるわけです。先に
二足歩行について触れましたが，歩き方においてすら，文明は一様ではありません。通常，
私たちは足と手を交互に逆の方向に動かして前に進むものであって，どの国の人であれま
ず例外はありません。しかしながら，日本には相撲や歌舞伎のなかに「なんば歩き」なる
特殊な歩き方があります。右手と右足，左手と左足を同時に出すという歩き方で，これは
明らかに文明がつくり出した動作の好例といえるでしょう。

（山崎正和『文明としての教育』新潮社　を参考に作成）

問1　下線部「生まれた子供が立って歩くようになるには教育が必要」とありますが，その例証として，適当なものはどれですか。 23

1．オオカミに育てられた少女は，二足歩行ができなかった。
2．類人猿の中には，二足歩行ができるものもいる。
3．猫はいくら訓練しても，二足歩行ができるようになるものはほとんどいない。
4．人間の赤ちゃんは，一定の発達段階に達しないと立って歩くことはできない。

問2　「咳」についての説明として，本文の内容と合っているものはどれですか。 24

1．咳は生理的現象であり，その仕方は文明によらず一定である。
2．咳とは言語の一種であるから，そこには意味が隠されている。
3．咳の仕方は，文明によって異なった整形がなされている。
4．咳とは意識的な意図に基づいてなされる，記号的行為である。

問3　（　A　）に入るものとして，最も適当なものはどれですか。 25

1．教育は人間の成長にとって不可欠だ
2．教育は人間の自然状態に反している
3．文明が人間の動作を形作ってきた
4．文明のないところには教育も存在しない

第 ③ 回 模擬試験

解答時間：70分

3

記述問題は，二つのテーマのうち，<u>どちらか一つを選んで</u>，記述の解答用紙に書いてください（解答用紙には，テーマの番号を書く必要はありません）。

　　文章は横書きで書いてください。

　　解答用紙の裏（何も印刷されていない面）には，何も書かないでください。

　　読解問題は，問題冊子に書かれていることを読んで答えてください。

　　選択肢１，２，３，４の中から答えを一つだけ選び，読解の解答欄にマークしてください。

記述問題

　以下の二つのテーマのうち，どちらか一つを選んで 400〜500字程度で書いてください（句読点を含む）。

①　人間が成長するにあたって，長所を伸ばすことが重要だという考え方と，短所を克服することが重要だという考え方があります。

　　人間の成長にとって必要な態度はどのようなものだと思いますか。上の二つの考えに触れながら，あなたの考えを述べなさい。

②　人にインタビューする際，あらかじめ質問する項目をすべて決めておくという方法と，最低限の質問だけを決めておいて，後は話の成り行きに任せるという方法があります。

　　インタビューの方法として，どのようなものが望ましいと思いますか。上の二つの考えに触れながら，あなたの考えを述べなさい。

読解問題

I　卒業証明書の発行の手続きとして，正しいものはどれですか。　　　　1

卒業証明書の発行について

　卒業証明書の発行は，窓口および郵送での申し込みが可能です。電話・FAX・メールでの申請は受け付けられませんのでご了承ください。なお，代理申請も可能です。

【窓口で申請する場合】

　各学部の教務課窓口にて申請を行ってください（窓口開室時間は，各学部にお問い合わせください）。即日発行いたします。その際，本人確認のできる身分証明書を提示してください。手数料は不要です。代理の方が申請，受け取りをする場合は，必ず本人作成の委任状を持参してください。

【郵送で申請する場合】

　返信用封筒（82円切手を貼付）と証明書交付願を同封の上，各学部教務部に送付してください。証明書交付願作成の際に必要な事項は以下の通りです。

　氏名・生年月日・住所・電話番号・入学および卒業年月・所属していた学部および学科
　使用目的・卒業証明書の提出先・必要な枚数

1．窓口申請で提示する身分証明書は，写真付きである必要がある。

2．申請受付は，全学部一括して行われる。

3．本人に関する事項が分かっていれば，代理人でも窓口申請できる。

4．郵送で申請する場合にも手数料はかからない。

II　次の文章で，筆者は，「アクアミュージアム」とはどのような場所だと言っていますか。

2

　「ミュージアム」は，博物館でもない，美術館でもない，新しいタイプの施設もしくは組織です。しかし，どちらかと言えば，博物館よりも美術館に傾斜した意味合いが感じられます。その恰好の証拠を八景島シーパラダイス（神奈川県）の「アクアミュージアム」に見ることができます。「アクアミュージアム」とは，水族館のことです（「アクア」は水を意味します）。考えてみれば，水族館は展示施設である，という点で，博物館や美術館に近いものです。少数の魚類研究者にとって，それは観察し研究する場所かもしれませんが，多くの入場者にとっては，見とれるための場所です。博物館よりも，美術館に近いでしょう。これまで水族館と呼ばれていたものをミュージアムと呼ぶことは，その場所の概念を大転換することです。魚類図鑑の立体版であったものを，観賞する場所に変えた，ということができます。水槽を泳ぐ魚は美術だ，と言っても，納得するひとが少なくないでしょう。

（佐々木健一『美学への招待』中央公論新社　を参考に作成）

1．魚の生態を研究する場所
2．水族館の呼び名を変えただけの場所
3．魚を美術品として鑑賞する場所
4．魚についての研究成果を展示する場所

III　次の文章の内容と合っているものはどれですか。　　　　　　　　　3

　一般的な「思いこみ」を破った思考によって問題解決にいたることを「創造」という。「創造的」な人間というのは，既存の思考枠を，いったん白紙にもどして，はじめから考えなおしてみることのできる人間のことである。はじめから考えなおして，あらたな枠をつくることのできる人間のことである。「創造的」人物は，既存のさまざまな思いこみによって，がんじがらめにしばられている「常識人」と対照的な存在なのだ。

　いうまでもないことだけれども，古来，人間の世界における「進歩」を形成してきたのは，ひとつの例外もなく，「創造」する力であった。それまでにあった，いっさいの思いこみを，根本から疑いなおしてみること——そのことから，あらゆる発見と発明がうまれた。

（加藤秀俊『独学のすすめ』筑摩書房）

１．創造的な人間もはじめは常識人である。
２．創造的な仕事は常識を破壊するところから生まれる。
３．常識人は思考の新たな枠組みを作り出すことができる。
４．創造性は不断の努力なしには身につかない。

IV　次の文章で，筆者は，これからの日本人の生き方についてどのように言っていますか。

　　私たちはもはや自分を語るときに，「経済大国ニッポンの人間」とか「技術大国日本に住んでいる」という社会的アイテムを使えなくなっている。つまり，これまで「自分に何もなくても，私が住んでいる国は世界で二番目の経済大国だから」と*ゲタをはかせてもらっていたのが，なくなってしまったのだ。大震災のあと，その傾向にさらに拍車がかかるかもしれない。

　　そうなると，頼るべきは「私は何をして，誰に必要とされているか」という個人的アイテムだけだ。図式化して考えるなら，これまではたとえば「50％は『経済大国』などの社会的アイテムで，50％は個人アイテムで」自己同一性を形成して肯定感を獲得すればよかったのが，いまは「100％個人アイテムで」となったわけだ。もちろん，今でも社会的アイテムが完全になくなったわけではないが，肯定感を獲得できるようなポジティブなものはきわめて少ない。

（香山リカ『〈不安な時代〉の精神病理』講談社）

　　＊ゲタをはかせる：実際よりも価値を高く見せる

１．自らが日本人であることに誇りを持たなければ生きていくことはできない。
２．日本というブランドに頼ることなく，個人の価値だけで生きていく必要がある。
３．自分は自分であるという確固たる自己同一性を形成する必要がある。
４．社会的に有用なアイテムの獲得に励まなければ生きていくことはできない。

V　次の文章で，筆者が最も言いたいことはどれですか。

　「歴史に学ぶ」ということがよく言われます。歴史には，成功者や失敗者が数多く登場するので，その言行を知ることによって，そこから教訓を引き出して学ぼうと考える人も多いでしょう。

　…（略）…

　積極的に行動を起こし，豊臣家の五大老の立場から全大名の盟主の地位を勝ち取った家康の巧妙な戦略…（略）…に学ぶ，というような活用法はあるでしょうが，時代も置かれた立場も違う場合には，そこには非常に注意が必要です。

　私たちはついつい，現代の常識で歴史を見てしまいがちですが，時代ごとに違う常識，違うルールがあるものなのです。戦国時代の武将を現代のヒューマニズムで断罪しても無駄なことです。いや，そんな時代まで溯（さかのぼ）らなくとも，皆さんは自分のおじいさんやおばあさんといった二世代上の人と話したときなどに，自分にはなかなか実感できない，今とは違う道徳観念，常識感覚によるルールのあった社会を生きてきた人なのだと感じたことがあるはずです。

　過去の人物の事跡を教訓的に学ぶことが，通俗的なものとして排されることが多いのもそのためです。

（山本博文『歴史をつかむ技法』新潮社）

1．過去の歴史からは積極的に教訓を学ぶべきだ。
2．人間の行動は時代を超えて普遍的なものである。
3．歴史から教訓を学ぼうとする人は多い。
4．歴史を無批判に学ぶことには慎重を要する。

VI　下線部「生物として重大な岐路に立たされていることになる」とありますが，なぜ そのようなことになるのですか。　　　　　　　　　　　　　　　　　6

　無臭化社会では，生物の本能としての嗅覚はどんどん衰えていく。

　嗅覚というのはもともとよいにおいをかぐためだけに存在するのではなく，よいにおい と悪いにおいをかぎ分け，自分が危険な状況におかれているのかそうでないかを判断する という，きわめて大きな役目を担っている。

　それが，世の中がどんどん清潔になり，冷蔵庫をはじめとする食品の保存技術が発達し， ものが腐っているかどうかということにあまり敏感でなくてもよくなると，食べものの においに対する警戒心がなくなってくる。…（略）…

　嗅覚は人間の生命現象全体をつかさどる重要な感覚である。そこが鈍感になるというこ とは，生物として重大な岐路に立たされていることになる。

（小泉武夫『くさいものにフタをしない』幻戯書房　を参考に作成）

１．嗅覚が衰え，危険か否かの判断ができなくなっているから
２．世の中が清潔になり，免疫力が低下しているから
３．冷蔵庫を使わないと，食品を保存できなくなっているから
４．現代社会では，物が腐っているかどうかは問題とされないから

VII　次の文章はロボット演劇について述べたものです。文中の（　A　）に入るものとして適当なものはどれですか。

　＊平田氏の演技指導は，非常に厳密である。たとえば，ロボットと人間の対話で，「人間の方は，あと0.3秒間を取って」というように指示をする。そうすると，なぜか，ロボットと人間のシーンなのに，両者の間に（　A　）が見えるようになるのである。

　その様子を見たとき，私は，「答えはここにある」と思った。

　「ロボットにどのように心を持たせればよいか」という問題は，人と関わるロボットを開発している者であれば，誰でも一度は考えることである。しかし，心とは何かを分からなければ，どうすれば，心を持っているように見せられるのかも分からない。その答えを目の前で見せられたと思ったのである。

　この平田氏の演出をすべて記録し，どのような場合にどのような指示を出しているかを詳細に観察してルール化すれば，「心を持つように見えるロボット」の動作生成を可能にするプログラムを開発できるかもしれない。すなわち，心のプログラムが可能になる気がした。

（石黒浩『ロボットとは何か』講談社）

　＊平田氏：平田オリザ。演出家

１．演劇の本質というもの
２．未来における共生の可能性
３．決して超えられない壁
４．より深い感情のやりとり

VIII 次の文章で，筆者は，「アートプロジェクト」とはどういうことをするものだと言っていますか。

8

　完成された場にはそれを享受しようとする人が集まるが，まだまだ未完成で「これから何かが起こりそうな場」には行動を促す主体性のある人たちが集まってくる。まちづくりの現場では，そのような状況をいかにつくるかが大切なのだと思っている。全国各地にアートプロジェクトという手法が浸透しつつある。それはやわらかなマインドを持った人たちを集め，その地域ならではの魅力を引き出し，様々な新しいスタイルの地域活動を生み出す起動装置と言えるかもしれない。あるいは地域に潜在している課題に触れ，それを超えようとする態度を示す手段でもあり，アーティストや住民が新しい視点や可能性を見出す現場でもある。

　「アート」と言うと，過去に完成された「芸術作品（アートピース）」を思い浮かべるかもしれないけれど，ここではそれを言っているわけではない。サッカー選手のシュート，体操選手の高い演技力など，人間の常識を超えた活動について「芸術的だ！」と思わず口走ってしまうクリエイティビティに類するものだと思う。

　つまり，常識を超えた思いもよらぬ発想，意外なアイデアで，驚きのあるものごとを地域につくり感動を生み出すことも「アート」なのかもしれないし，そんな状態をつくり出す仕組みや手法こそが「アートプロジェクト」なのではないかと考えている。

（藤浩志・AAFネットワーク『地域を変えるソフトパワー』青幻舎）

1．芸術家を育てることによって，まちづくりをすること
2．従来からあるまちづくりの手法をさらに洗練させること
3．常識を超えたアイデアで，新しい地域活動を生み出すこと
4．芸術作品の創作，収集によって，地域を観光地化すること

IX 次の文章で筆者が考える，子供が保育園や幼稚園に行く意義として，最も適当なものはどれですか。 9

　自分の居心地を第一に考え，自分の一番過ごしやすい環境に相手が同化してくれることを望むような，そういう一方的な風潮が世の中に蔓延（まんえん）してきたように感じられますね。だから，すべて，「一人称」でものを語る。いわゆる幼年時代がなかなか終わらないわけです。普通は，幼稚園児ぐらいになれば，だんだん一人称だけでは生活していけないことに気がついてくるはずなのです，人間というのは。「私」だけではだめ。はじめに，父や母やきょうだいの存在を意識するようになる。「私とあなた」というふうに変わってくる。

　なぜ保育園に行くのか？　なんのために幼稚園に行くのか？　単純に，小学校に行く準備ではないのですよ。「私とあなた」までいっていた子供たちを，「私とあなたたち」そして，「あなたたちと私」。「みんなの中の私」「大勢の中の私」。三人称にまで意識を広げる。一人称が二人称になり，二人称から三人称へと幅を広げていく。その体験をするために，保育園や幼稚園へ行くわけです。

（千宗室『自分を生きてみる』中央公論新社）

1．社会性が身につく。
2．小学校生活への準備になる。
3．友だちができる。
4．家族からの自立性が高まる。

　やせたからだ，スレンダーなからだが流行なのである。誰が強制しているわけでもないのに，わたしたちはみずからその流行に染まって，それに自分の身体をあわせようとする。そういう意味では，スリムなからだは現代の「見えない制服」と言っても過言ではないだろう。

　このスリムなからだの流行は，流行というにはあまりに長いタイムスパンにわたっているから，むしろ理想的規範（モデル）といったほうが適切かもしれない。何の合理的・医学的理由があるわけでもなく，たんにみなの共有する美意識がそうであるにすぎないという意味では「痩身（そうしん）」は流行そのものなのだが，しかし流行というにはあまりにロングランである。「スリムな身体が美しい」という美意識が定着したのは，ちょうどシャネルあたりから。シャネルはそれまで要求されていた「胸の豊かさ」を覆（くつがえ）して，少年っぽいからだを＊モードにした本人でもある。そのころからずっと，スリムな身体が美の規範になっているのだ。

　その美の規範に，わたしたちの意識はやすやすとからめとられてしまう。わたしたちは，その規範に対して強固な同一化願望をいだく。わたしたちは，みずから「見えない制服」を着たがるのである。

（山田登世子『ファッションの技法』講談社）

　＊モード：流行

1．スリムなからだが美しいとされることには普遍的な根拠がある。
2．スリムなからだがもてはやされているのは一時の流行に過ぎない。
3．やせたからだが美の規範とされ，人々もその規範を信奉している。
4．社会的に義務付けられているという意味で痩身は「制服」と言える。

XI　次の文章を読んで後の問いに答えなさい。

　ある現象を解明するためには，その現象を，法則によって説明できるまで観察しなくてはなりません。そして，そこで得られた結果をもとに，人工的な変化を加え，どのような現象がおきるのか実験を繰り返します。

　実験の結果が，予想通りの法則で説明できるものなら，その現象の法則は証明されます。しかし，予想通りの法則で説明できないなら，まだ誰も知らない，新しい法則を探し出すしかありません。暗闇の中を手さぐりで進むようなものですから，途中で諦めてしまう人も大勢います。当然のことながら，そこで諦めない探究心のある人にしか，発明はできません。

　英語にセレンディプティという単語があります。「思いがけない発見」という意味なのですが，日本人が果たしてきた業績には，このセレンディプティなものが足りないと，外国の人によく言われます。セレンディプティとは，もともとセイロン島に伝わる昔話にあるような，ガラクタの中から大事な情報を逃さずに捉えてゆくということなのです。

　人からガラクタのような仕事だと思われようが，自分が納得いくまで，諦めずにとことん研究し続ける。そういう人に限って，思いがけない大発見をするものです。なぜなら，ガラクタの中から宝物を引きずり出そうとする，探究心があるからです。

（西澤潤一『わたしが探求について語るなら』ポプラ社）

問1　下線部「そこで諦めない」とありますが，何を「諦めない」のですか。 　11

1．実験結果を従来の法則で説明すること
2．さまざまな条件で実験を繰り返すこと
3．自分の発見した法則を認めてもらうこと
4．新しい法則を探し出すこと

問2　この文章の内容と合っているものはどれですか。 　12

1．日本人は諦めずに研究し続ける探究心が豊かである。
2．繰り返し実験するところからセレンディプティは生まれる。
3．新しい法則は，ひらめきの優れた人にしか発見できない。
4．ガラクタのような仕事から大発見が生まれることはない。

XII 次の文章を読んで後の問いに答えなさい。

　地球上のあらゆる生物は，地球の自転に合わせて体内時計を刻んでいますが，自転周期の24時間と同調しているわけではありません。

　人間の体内時計も25時間説，28時間説などさまざまな研究報告があり，確定していませんが，「24時間より多少長く，25時間以内ではないか」という説が有力のようです。

　人間の体内時計による活動モードは，起床後12〜13時間程度。この時間帯は交感神経が優位になるため，新陳代謝が高められ，体温，脈拍，血圧も高めに保持されるので，脳や体がよく働きます。しかし，起床後14〜16時間たつと，お休みモードに突入し，徐々に眠気を感じてきます。

　…（略）…

　それでは，体内時計と自転周期のズレをそのままにしておくとどうなるでしょう。前述のように，人間の体内時計の周期は地球の自転周期（約24時間）より長いため，睡眠覚醒リズムが次第に，（　Ａ　）。

　やがては，深夜に就寝，昼まで寝ているというような昼夜逆転生活につながります。さらに，睡眠だけではなく，体温，ホルモン分泌，心拍数など生理的機能のリズムにも狂いが生じます。

　こうなると，単なる夜ふかしや朝寝坊という段階は過ぎ，社会的な生活を営むことも困難になり，健康障害も憂慮しなければなりません。現在，大きな問題になっている引きこもりや不登校，出社拒否の背景には，体内時計のズレが関与しているケースも少なくありません。こうなっては，もはや治療が必要なレベルです。

（古賀良彦『睡眠と脳の科学』祥伝社）

問1　（　Ａ　）に入るものとして，最も適当なものはどれですか。　13

1．うしろにズレてしまいます
2．前にズレていきます
3．不安定になってしまいます
4．安定的になってきます

問2　この文章の内容から，健康障害を起こさないようにするためには，どうすればよい
　　と考えられますか。　14

1．交感神経を極力働かせないようにする。
2．つらくてもなるべく外出するようにする。
3．体内時計のリズムを自転周期に合わせる。
4．活動モードよりもお休みモードの時間を長くする。

XIII　次の文章を読んで後の問いに答えなさい。

　時というものは，一秒一秒，時計の*セコンドのようにせわしなく過ぎてゆくものでも
ありますが，一生の単位で見れば大きな河の流れにも似て，ゆったりと流れてゆくもので
もあるはずです。3年5年を，無駄に過ごしたとしても，60年70年の人生にとって，引っ
かき傷ほどにもなりません。

　私は，どちらかといえば負け犬が好きです。人も犬も，一度ぐらい相手に食いつかれ，
負けたことのある方が，思いやりがあって好きです。

　時にしても同じです。

　1時間単位，2時間単位で時間を使ったといっても，それはせいぜい，時計を有効に使っ
たということにすぎません。人間は，時計を発明した瞬間から，能率的にはなりましたが，
同時に「時計の奴隷」になり下がったようにも思います。時計は，絶対ではありません。
人間のつくったかりそめの約束です。

　もっと大きな，「人生」「一生」という目に見えない大時計で，自分だけの時を計っても
いいのではないでしょうか。

　若い時の，「ああ，今日一日，無駄にしてしまった」という絶望は，人生の大時計で計
れば，ほんの一秒ほどの，素敵な時間です。恐れと，むなしさを知らず，得意になって生
きるより，それはずっとすばらしいことに思います。

　どんな毎日にも，生きている限り「無駄」はないと思います。「焦り」「後悔」も，人間
の貴重な栄養です。いつの日かそれが，「無駄」にならず「こやし」になる日が，「**あか」
にならず「***こく」になる日が，必ずあると思います。真剣に暮らしてさえいれば——
です。

（向田邦子「時計なんか怖くない」『夜中の薔薇』講談社　を参考に作成）

＊セコンド：秒針

＊＊あか：垢。よごれ

＊＊＊こく：深い味わい

問1　下線部「時にしても同じです」とありますが，何が（A）何と（B）同じなのですか。　15

1．A　時はせわしなく過ぎていくものだということ
　　B　人の一生は慌ただしく過ぎていくものだということ
2．A　少しくらい時間を無駄に過ごしてもよいということ
　　B　一度くらい負けたことのある人が好きだということ
3．A　時間は能率的に使った方がよいということ
　　B　どちらかといえば負け犬の方が好きだということ
4．A　時計の奴隷になって生きるのはよくないということ
　　B　負け犬としての人生を送ってはならないということ

問2　この文章で，筆者が最も言いたいことはどれですか。　16

1．一秒一秒の積み重ねが，人生というものである。
2．真剣に生きていれば，人生に無駄なことはない。
3．時計から解放されるには，怠惰に時を過ごせばよい。
4．人生の全体を見据え，計画的に生きなければならない。

XIV　次の文章を読んで後の問いに答えなさい。

　現代の若者たちは，自分の対人レーダーがまちがいなく作動しているかどうか，つねに確認しあいながら人間関係を営んでいる。周囲の人間と衝突することは，彼らにとってきわめて異常な事態であり，相手から反感を買わないようにつねに心がけることが，学校での日々を生き抜く知恵として強く要求されている。その様子は，大人たちの目には人間関係が希薄化していると映るかもしれないが，見方を変えれば，かつてよりもはるかに高度で繊細な気くばりを伴った人間関係を営んでいるともいえる。

　このような「優しい関係」を取り結ぶ人びとは，自分の身近にいる他人の言動に対して，つねに敏感でなければならない。そのため「優しい関係」は，親密な人間関係が成立する範囲を狭め，他の人間関係への乗り換えも困難にさせる。互いに感覚を研ぎ澄ませ，つねに神経を張りつめておかなければ維持されえない緊張に満ちた関係の下では，対人エネルギーのほとんどを身近な関係だけで使い果たしてしまうからである。その関係の維持だけで疲れきってしまい，外部の関係にまで気を回す余力など残っていないからである。

　こうして「優しい関係」は，風通しの悪くなった狭い世界のなかで煮詰まっていきやすい。そのような関係の下で，互いの対立点がひとたび表沙汰になってしまうと，それは取り返しのつかない決定的なダメージであるかのように感じられる。「今，このグループでうまくいかないと，自分はもう終わりだ」と思ってしまう。現在の人間関係だけを絶対視してしまい，他の人間関係のあり方と比較して相対化することができないからである。

（土井隆義『友だち地獄』筑摩書房）

問1　下線部「優しい関係」とありますが，それはどのようなものですか。　17

1．互いに思いやりを持って接しようとする。
2．幅広く良好な人間関係を築こうとする。
3．周囲との衝突を徹底的に避けようとする。
4．なるべく気を使わなくてもいいようにする。

問2　この文章で述べられている若者の状況として，<u>適当でないもの</u>はどれですか。　18

1．自分が属しているグループ内の人間関係の維持に疲れ切っている。
2．ふだん付き合うメンバーが，狭く固定されがちである。
3．現在属しているグループから外れることを非常に恐れている。
4．他人との衝突を嫌い，互いに干渉することなく過ごしている。

XV　次の文章を読んで後の問いに答えなさい。

　おのれの無知や無能を言い立てて，まず「免責特権」を確保し，その上で，「被害者」の立場から，出来事について勝手なコメントをする。この「被害者面」が特に目につくようになったのは，この数年です。論説委員が「何も知らされていない市民」の代表のような顔つきで社説を書いている。十分な情報を与えられないまま，一方的に被害に遭っている「グッドガイ市民」の立ち位置で報道している。それは記事の内容ではなくて，言葉づかいなんですけれど。

　（　Ａ　），僕はメディアが「庶民の代表」みたいな顔つき，言葉づかいをしてみせるのはおかしいだろうと思うのです。（　Ｂ　），そうじゃないんだから。むずかしい大学を出て，たいへんな倍率の入社試験に合格して，自在に現場を飛び回り，潤沢な第一次情報を手にしているジャーナリストが，責任逃れをするときに「無知や無能」で武装するというのは，ことの筋目が違うでしょう。

　そうではなくて，「これだけ情報がありながら，適切な推論ができるだけの知性を備えておりながら，それにもかかわらず，この事態を予見できなかったこと」を報道という知的な責務を負託されている者として，まず謝罪するところから話は始まるべきでしょう。

（内田樹『街場のメディア論』光文社）

問1　（　A　）（　B　）に入るものの組み合わせとして，正しいものはどれですか。

19

1．A　でも　　　　B　現に
2．A　なので　　　B　確かに
3．A　けれど　　　B　幸い
4．A　つまり　　　B　実際

問2　筆者が述べている，メディアのよくないところとして，最も適当なものはどれですか。

20

1．人々に被害を与えているにもかかわらず，被害者面をするところ
2．実際は無知・無能であることを隠そうとするところ
3．情報強者であるにもかかわらず，庶民の代表として振る舞うところ
4．豊富な情報量や優秀な頭脳を，全く活かしきれていないところ

XVI　次の文章を読んで後の問いに答えなさい。

　もしも環境を守るということが，水の使用量を減らすということなら，トイレ，風呂，炊事，洗濯の水を少なくする必要があります。それはたとえば，水洗トイレのタンクにペットボトルを入れて節水するとか，歯を磨くときに水を出しっぱなしにしないというようなちょっとしたことではなく，日本人全員が水洗トイレをやめる，風呂は一週間に一度だけにする，炊事にほとんど水を使わない，という行動が必要になります。

　しかし，せっかく私たちが獲得した快適な生活ですから，水洗トイレも洗濯機も使いたいというのは普通の考え方でしょう。

　それに，日本では自然の恩恵で，水は度がすぎなければ，たっぷり使える環境にあります。森林に生育する樹木のように，自然の中にできるものは，作られる量を使うことが大切です。それは石油のように貯蓄された「貯金」とは違って，毎月の「給料」のようなものであり，それも，貯金ができないお金のようなものだからです。山の上に降って下流に流れた水の一部を使い，水洗トイレや洗濯機などで生活を清潔にすることは，自然の有効な利用方法ですし，健全な行動です。

　あまりに水を倹約することは，せっかく山に降った水を利用しないことを意味します。ただ，現在のように，すべての水を飲んでもおいしいようにして，トイレや風呂にも使うのは，少し贅沢なのです。日本の水道が世界一であるということは，それを維持するのに膨大なエネルギーや設備を使っているということになるので，考えなければなりません。

（武田邦彦『偽善エコロジー』幻冬社）

問1　下線部「毎月の『給料』」とは，ここではどういう意味ですか。　　　21

1．水は絶えず一定量が供給され続けるということ
2．水は人間の生存にとって不可欠だということ
3．水はいくら使ってもなくならないということ
4．水は森林に働きかけなければ得られないということ

問2　水に対する筆者の考えとして，最も適当なものはどれですか。　　　22

1．水は飲み水として利用するべきであり，それ以上の利用は贅沢である。
2．日本は水が豊かとはいえ限りがあるので，節水を推進していく必要がある。
3．水は有効に利用すべきだが，必要限度を超えた水の利用は慎むべきである。
4．自然の恵みである水に対して，感謝の気持ちを忘れてはならない。

XVII 次の文章は失敗学について述べたものです。これを読んで後の問いに答えなさい。

　失敗学では事象の説明をするとき，付け足し，推測，創作，をまったく構わないとしている。これは，失敗学の事象記述が，正確な現象の記録やそれに基づいた責任追及を目的としないからである。確かに事実に基づいた詳細なる記述は迫力がある。しかし，事実のみに基づいて記述しようとするとき，肝心の情報が何らかの理由で得られないことがある。また，事実の忠実な再現は得てして無味乾燥に終わってしまうことが多い。歴史の教科書を読んでもなかなか頭に入らないのに，司馬遼太郎の小説を読むと鮮烈なイメージを留めることが多いのと同じだ。

　失敗学が世の注目を集めるにつれ，さまざまな人たちが失敗学について関心を持つようになった。ここで最初に認識したいのは，失敗学は決して責任追及を目的とせず，むしろ当事者が事故当時何を思ったか，本当の心情を引き出せるなら，免責，仮名，改ざん，捏造を歓迎することである。それは，本当の心情を描写した方が読み手にとってより共鳴しやすく，すなわち，知識として自分自身の中に取り込むことが容易になるからである。当たり障りのない抽象的な記述は，責任追及を目的とした調書や事故報告書に任せておき，失敗学は自分の記述を読むほかの人に知識を伝えることが目的であることを覚えておきたい。

　失敗はできれば起きてほしくないもの。しかし，一旦起きてしまったのなら，責任追及は単にその失敗のマイナス面を大きくするだけである。同じ失敗をくり返さない仕組みを考え出すときに，肝心の背景情報を持っている当事者が，責任を逃れるためにその情報を隠匿してしまうし，追及する側も責任の所在糾明にエネルギーを費やしてしまい，もっと重要な今後の対策がおざなりになってしまう。これでは（　Ａ　）である。「ごめんなさい」と心から謝ることも大事だが，その失敗をプラスの財産に転換するよう，人の糧となる記述を残すことの方がもっと大切だ。私たちも，不祥事を起こした会社の経営陣が報道陣に向かって頭を下げるのを見て満足するような次元に留まらず，もっと厳しい目で当事者の対応を追跡していくべきなのである。

（飯野謙次『「失敗をゼロにする」のウソ』ソフトバンク クリエイティブ）

問1　失敗学において，事象の説明をするときに創作が許されているのはなぜですか。 23

1．創作には迫真性があり，より責任追及という目的を達することができるから
2．創作であれば，得られなかった情報を自分で補うことができるから
3．創作は当事者の心情をも改変することができ，当事者の免責に役立つから
4．創作の方がイメージ喚起力が強く，読者の頭に残りやすいから

問2　（　Ａ　）に入る四字熟語として，最も適当なものはどれですか。 24

1．時代錯誤
2．悪戦苦闘
3．不言実行
4．本末転倒

問3　この文章で，筆者が最も言いたいことはどれですか。 25

1．人を断罪して満足する社会の中で，当事者の免責が失敗学の急務である。
2．失敗の責任追及よりも，失敗を教訓として知識化することが重要だ。
3．同じ失敗をくり返さないためにも，責任追及は徹底してやるべきである。
4．失敗といってもさまざまなものがあるため，類型化するのは難しい。

第 ④ 回　模擬試験

解答時間：70分

4

記述問題は，二つのテーマのうち，<u>どちらか一つを選んで</u>，記述の解答用紙に書いてください（解答用紙には，テーマの番号を書く必要はありません）。

　　文章は横書きで書いてください。

　　解答用紙の裏（何も印刷されていない面）には，何も書かないでください。

　　読解問題は，問題冊子に書かれていることを読んで答えてください。

　　選択肢１，２，３，４の中から答えを一つだけ選び，読解の解答欄にマークしてください。

記述問題

　以下の二つのテーマのうち，<u>どちらか一つを選んで</u> 400〜500字程度で書いてください（句読点を含む）。

①　異文化の土地に滞在，あるいは生活していると，自文化とは異なる習慣や習俗に戸惑うことも多くあります。
　　異文化の習慣や習俗に出会った時，私たちはどのような態度をとるのがよいと思いますか。具体的な例を挙げながら，あなたの意見を述べなさい。

②　子どもは，パソコンやスマートフォンなどの電子機器に触れる時間が長ければ長いほど，他人の感情を理解する力が低下するということが言われています。
　　子どもの電子機器利用について，大人はどのような態度をとるのがよいと思いますか。具体的な例を挙げながら，あなたの意見を述べなさい。

読解問題

Ⅰ　次の文章は，学期末試験に関する担当教員からのお知らせです。内容と合っているものはどれですか。　　　　　　　　　　　　　　　　　　　　　　　　　　 1

現代社会論Ⅰの試験について

　7月18日（木）の2限（10:40〜12:10）に，「現代社会論Ⅰ」の学期末試験を行います。試験形式は論述3問のみ，すべて授業で話した内容からの出題です。知識そのものを問う問題ではありませんので，自作のノートであれば持ち込み可です。

　後期の「現代社会論Ⅱ」は，今講義の応用編となりますので，受講には「同Ⅰ」の単位取得が条件となります。Ⅱも受講希望の人は，しっかりと準備をして試験に臨んでください。

　成績は，試験の点数のみで評価します。出席点は加味しませんが，おそらく出席していなければ，合格点を取るのは難しいでしょう。先にも書きましたが，知識そのものを問うものではありませんので，あなたの思考の跡が見られない答案には厳しい評価が下されることでしょう。

　試験会場は，3号館101教室になります。いつも授業をしている教室とは異なるのでくれぐれも間違えないようにしてください。

　それでは，皆さんの健闘を祈ります。

1．試験は授業で使われていたのと同じ教室で行われる。
2．試験には参考書や教科書を持ち込んでもよい。
3．試験は学生の思考力を問うものとなっている。
4．授業に出席していなかった学生には単位は与えられない。

II　次の文章で，筆者は，カラオケが流行する理由は何だと言っていますか。　　　2

　　はじめに言葉ありきではなくて，はじめに歌があったのではないかという話があって，ぼくは非常に新鮮に聞いたのですが，たしかにそうかもしれない。

　　たとえば小鳥が鳴くことを，私たちは小鳥が〈歌う〉というふうに言います。あるいは風が吹く，その吹く音を〈歌〉として聞くこともありますし，森のそよぎを森が合唱しているというふうにたとえたロシアの詩人もいます。エセーニンという詩人は，白樺のささやきは白樺の歌声という形で，森のざわめきを表現しています。

　　そんなふうに神羅万象すべて，ものみな歌にはじまるということを考えていきますと，今の20世紀の機械文明のさなかにあっても，私たちが歌に執着し，そして歌を聞くことによろこびをおぼえ，一歩すすんで自分たちの声で歌を歌いたいと思うのは，人間の本性に基づいたごく自然なことですし，カラオケがこれだけ流行するというのも理由のあることだろうと思います。

（五木寛之『生きるヒント』角川書店）

　１．歌うことはストレスの発散になるから
　２．人間はそもそも歌うことが好きだから
　３．人間は歌うことによって言葉を覚えるから
　４．歌は芸術精神の発露と考えられているから

III 次の文章で，筆者は，機械が人間に取って代わることについてどのように考えていますか。 3

　産業革命以来，機械によって実行される活動は一貫して人間領域を侵食してきました。だからといって，人間が不要になるとか，あるいは人間の仕事がなくなると考える必要はありません。…（略）…

　私のお気に入りの話は，自動車産業の勃興による移動革命です。記録を見ると，自動車が普及する以前，1900年時点のアメリカでは，馬車を引くために200万頭の馬が飼育されていました。その飼育係や御者などの，人間による仕事があったのです。そうした仕事は，二億台以上の自動車の生産者やメカニック，運転手という別の仕事へと変化しました。1908年から始まったフォードT型の大量生産とそれに伴う大きな利便性の裏には，一時的に失業した人が数多くいました。しかし現在では，人びとは全体としてはるかに便利な生活を送っています。

　新たな商品はある種の仕事を奪うことは確かですが，それを受け入れることで全体として次世代以降の生活は改善されます。

（蔵研也『18歳から考える経済と社会の見方』春秋社）

1．結果的には人々は便利さを享受できるようになる。
2．人間から仕事が奪われ，人間は不要になる。
3．大量生産，大量消費を原理とした社会が到来する。
4．職を失う人が増え社会不安が増大する。

Ⅳ　次の文章で，筆者は，科学と芸術の関係についてどのように述べていますか。　4

　科学と芸術は相いれないものなのだろうか？　そんなことはない。

　自然科学には「世界をこのように捉え，このように表現するのだ」という文化的規範がある。「このように」と書いたところを，異なる表現様式に置き換えれば，さまざまなジャンルの芸術表現が該当することになる。「厳密に」ではなく「詩的に」とかいった具合である。たとえば，映画に着目してみよう。映画には確かにスクリーンへの投影を前提とする，という一般的な了解はあるが，そのコンテンツは千差万別だ。ラブロマンスもあればシリアスなものもある。詩的なものもあれば，現実的だったり社会派の作品もある。そして言うまでもなく科学映画というジャンルもある。そこでは，およそすべての対象が虚実を越えて題材になりうるのだ。こうしてみると，むしろ自然科学を「あまたある芸術の一ジャンル」として見做してしまったほうが見通しがよいように思えてくる。

（岩崎秀雄「芸術の一ジャンルとしての科学」

岩波書店編集部編『科学者の目，科学の芽』岩波書店）

１．科学と芸術は世界を把握する方法が異なり，相いれない。
２．科学法則の美しさゆえ，科学は芸術の一部とも言える。
３．科学は芸術よりも正しく世界を捉えることができる。
４．科学と芸術の違いは，世界を捉える方法の違いに過ぎない。

V 次の文章で，筆者は，東京のソメイヨシノが，四国や九州の暖かい地域のものよりも
早く開花する理由について，どのように述べていますか。 <u>5</u>

　東京のソメイヨシノが日本一早く開花する現象は，東京の春の気温が四国や九州の暖か
い地域より高いからではありません。四国や九州の暖かい地域で，冬の気温が高いことが
原因です。四国や九州の暖かい地域では，ソメイヨシノは，冬の気温が高いために，春の
暖かさに敏感に反応せず，開花が遅れるのです。「サクラは，冬の寒さがきびしくないほど，
春の"目覚め"が良くない」といわれる現象です。

　それに対し，東京都心の冬の寒さはきびしいので，ソメイヨシノが春の暖かさに敏感に
反応して早く開花するのです。「サクラは，冬の寒さがきびしいほど，春の"目覚め"が
良い」といわれる現象です。

　越冬している芽は，休眠芽といわれ，眠っている状態にあります。その芽が暖かさに反
応するようになる状態が，"目覚める"と表現されるのです。

（田中修『植物はすごい 七不思議篇』中央公論新社）

1．東京の春は，四国や九州の暖かい地域の春よりも気温が高いから
2．東京の春は，四国や九州の暖かい地域の春よりも気温が低いから
3．東京の冬は，四国や九州の暖かい地域の冬よりも気温が高いから
4．東京の冬は，四国や九州の暖かい地域の冬よりも気温が低いから

Ⅵ 次の文章で，筆者が最も言いたいことはどれですか。 6

　地図は記号の約束事を踏まえた技法のひとつです。しかし，いつもその技法に縛られていては，つまらない。僕は，遊びに来る友だちのために駅から自宅までの道を地図にするとき，ありもしない海や空港を描いたりする。そんなことをしても，友だちには何の役にも立たない。ただ単に，自分の楽しみのためにやっている。

　…（略）…

　道順さえきちんと描いてあれば，それ以外の所には何があってもかまわない。自分自身が楽しむために，そういう変てこりんな地図があってもいいではないか。そう考えています。…（略）…

　原寸大の地図を描くことはできない。その大前提のうえに，地図のさまざまな技法が成り立っている。このサイズの中に，こんな縮尺で必要な記号や文字を入れて，わかりやすくしなければいけないと。

　しかし，そこから自由に逸脱することも，私たちには許されている。

（宮沢章夫「地図の魅力とその見方」

大澤真幸他『生き抜く力を身につける』筑摩書房）

１．地図は実際の地形を正確に表示しなければならない。

２．自由な地図であっても，道順だけは正確に描かなければならない。

３．厳密さから自由な，楽しみを目的とした地図があってもよい。

４．地図には，分かりやすさのためにさまざまな技法が使われている。

VII　次の文章で，筆者は，「形の科学」の難しさはどこにあると言っていますか。　<u>7</u>

　私たちは，実にさまざまな形をした物に囲まれています。特に，生物には，「なぜ，そんな形をしているの？」と尋ねたくなるような変わった形のものがいますね。また，キリンやしま馬のマダラ模様，鳥の翼や蝶の羽根の模様，蜂や蟻が作る巣など，模様や生物自身が作る形にも不思議なものが多いですね。…（略）…

　よく理解されている形は，力のつりあい・流れ・振動現象などによって作られる形で，物理法則で理解できます。しかし，生物の形や模様は，よくわかっていないものが多いようです。生物は，物理法則だけで形を選ぶわけではないからです。生き残り，配偶者を見つけ，子孫を増やす，という生物独特の目的があるため，多少不合理な形をとったりしている場合もあると思われます。また，生物の進化過程での環境も影響したかもしれません。実際，既に絶滅した生物（恐竜も含め）の化石に，奇妙な形のものが多く発見されています。このような場合は，物理的な理解より，生物学的な解釈をするしかありません。ここに，形の科学の一つの難しさがあります。

（池内了『科学の考え方・学び方』岩波書店　を参考に作成）

１．生物の形には，物理法則では理解できないものが多いこと
２．既に絶滅した生物の形は，解析不可能だということ
３．複雑な形は，高度な物理法則を用いなければ分析できないこと
４．生物の形を理解するための物理法則がいまだ発見されていないこと

VIII 次の文章は道徳教育について述べたものです。筆者は，現在，道徳教育がどのような状況になっていると述べていますか。

　すべての学問は「なぜ？」をきっかけにはじまります。なぜ，こうなのか，なぜ，そうなるのか。そのしくみをあきらかにすることで，問題解決への道が開けますし。新たな発見にもつながります。しくみをあきらかにする作業はすべての基本です。

　通常，学問は進歩と改革を目的としています。そのために，世界中の学者が日々，常識を疑い，考えています。

　ところが道徳は，「なぜ」という質問を許可しませんし，先生やオトナはしくみを説明するのをいやがります。

　それは，道徳が進歩と改革を目的としていないからです。すでに正解が決まっている善悪の基準をこどもたちに押しつけて，基準をブレさせないよう維持することが目的なので，道徳にとって進歩や改革は敵なんです。

　道徳をありがたがるオトナたちは，新たな発見や可能性によって道徳の内容が変わってしまうことをなにより恐れます。なので道徳の時間だけは，疑うことも考えることもしくみを考えることもタブーとされます。

（パオロ・マッツァリーノ『みんなの道徳解体新書』筑摩書房）

1．道徳は難しいので，オトナは道徳を教えようとしない。
2．道徳の基準は，各個人が決めればよいとされている。
3．道徳の基準について，こどもたちは考えることを禁じられている。
4．道徳の学問的な進歩を目指して話し合いをしている。

IX 下線部「成人式で騒ぐ新成人たち」とは，どのような存在だと筆者は述べていますか。

9

　成人式で騒ぐ新成人たち，大人顔負けの凶悪事件を起こす子どもたちを見て，人々は驚き，あきれる。たしかに法律上は20歳を過ぎれば大人だが，人の一生の身体的変化は連続的で，一人ひとりの成長速度も異なり，20歳の誕生日に男は誰でも必ずヒゲが生えるなどということはない。自然のままの体では，大人と子どもの境界はさほど明確には見えてこないのだ。

　しかし人は社会の一員に組み込まれ，社会は一人ひとりに，子ども・大人・老人などというぐあいに異なった地位と役割を割り当てる。それゆえ，誰が大人か子どもかを明確にしなければならないから，大人と子どもの境界を決め，*削歯などひと目でわかるような体の違いまで作り出してしまう。成人式で騒ぐような連中は，せっかく作った境界を壊す危険な存在だから，「変な大人」というレッテルを貼って，排除するわけだ。

(斗鬼正一『頭が良くなる文化人類学』光文社)

　*削歯：歯のとがった部分を削って平らにすること。通過儀礼の一つ

1．おかしな行動を平気でしてしまう危険な存在
2．大人と子どもの境界を破壊する存在
3．子ども性と大人性を持ち合わせている存在
4．通過儀礼を機能停止に追い込む存在

X　次の文章の内容と合っているものはどれですか。　　　　　　　　10

　日本が世界のなかでも指折りの経済大国になったのは，実はトラブルのもととなるような異常や不確実な日常のなかで，どうやってそれに対応していくかに，不断の努力を人一倍続けてきた結果なんです。生産現場でトラブルや故障が続くとき，どこに原因があるか，その対応策を働く一人ひとりが真剣に考える。働く現場で毎日，そんな異常や不確実と格闘してきた経験を持つ人は，新しいトラブルに対しても，想像力を働かせて，自分の力で対応することができるようになる。

　昔から日本の働く環境の特徴として，年功賃金ということが言われてきました。年功賃金とは，会社で働き続ける年数が長い人ほど給料が高くなる仕組みのことですが，それだって別に，お年寄りを大事にしましょうといった単純な精神論から来ているわけではないんです。長いあいだトラブルへの対応を続けるうちに，若い人にはないような経験や知恵を持つようになった年長者に対して，会社がちゃんと評価しようとしてきたことが，結果的に年功賃金につながっていたんです。

（玄田有史『14歳からの仕事道』理論社）

1．年功賃金は，今の時代にはそぐわない賃金制度である。
2．日本が経済大国になったのは，その生産性の高さゆえである。
3．生産性よりも経験の方が，賃金の基準としてふさわしい。
4．年功賃金は，年長社員のトラブル対応力に対する評価である。

XI　次の文章を読んで後の問いに答えなさい。

　絶滅危惧種といわれる多くの生物は，人間が環境を変えたことによって個体数を大きく減らし，個体群の維持が難しくなった生物たちである。言いかえれば，彼らは自分たちの生存が脅かされるほどに環境を変えてしまう人間の力には抗えなかった生物たちだといえよう。それならば，人間が手をさしのべて助けてあげる，という対応でもよいだろう。

　（　Ａ　），これは人間の影響があまり及んでいないところの生物に対してはあてはめられない。たとえば，それまで人間があまり踏み込まなかった熱帯林で新種の生物が発見され，その生物の個体数が少なくて絶滅の危機に瀕していたらどうだろうか。もし，その生物種を保護しようとすると，その生物種の死亡率を高くしている要因，あるいは繁殖を妨げている要因を低減することが対策として提案されるだろう。そして，もしその対策を実行すると，保護対象とした生物の個体数は増えるが，それによって新たな生物種が絶滅の危機に瀕することになるかもしれない。すなわち，その絶滅危惧種は，その時につくられている生態系のバランスからはじき出されようとしている生物で，現在の環境に適応できずに滅んでいく生物種ということができるだろう。それを人間が手をさしのべて助けたなら，そこの環境を変えることになり，それによって別の種が新たに絶滅危惧種になる可能性がある。それこそが問題であろう。

（花里孝幸『自然はそんなにヤワじゃない』新潮社）

問1 （　Ａ　）に入るものとして，適当なものはどれですか。　　11

1．だから
2．しかし
3．なぜなら
4．さらに

問2　絶滅危惧種への対応として，<u>適当でないもの</u>はどれですか。　　12

1．生態系を変える結果になってしまうとしても絶滅危惧種は助ける。
2．未踏の地における絶滅危惧種はそのままにしておく。
3．人間の影響で絶滅危惧種になったものは人間が助ける。
4．人間の介入で新たな絶滅危惧種を生み出すようなことは避ける。

XII　次の文章を読んで後の問いに答えなさい。

　競争という言葉を排除してきた日本のビジネスは，勝つことへのこだわりが薄いともいえます。

　アートの世界でもそうですが，「（　Ａ　）」と教えられ，その枠内で創作を続けている人がほとんどです。しかし，そういう人たちは結局，趣味の域を抜け出せずにその創作活動を終えるだけです。

　アート業界で生きていくなら，この世界のルールを一から十まで把握したうえで，しっかりとターゲットを絞り，“ターゲットに向かって弾を撃つ”というやり方をしなければ勝てません。

　今の日本の*マインドセットは「ただ撃てばいい」「そうしていればそのうち当たるかもしれない」というスタンスを浸透させてしまいました。その部分を見直していかなければ，個人としても組織としても，将来に可能性を見出せるわけがないのです。

　アーティストとして何よりも求められるのは，デッサン力やセンスなどの技術ではなく「執念」です。“尋常ではないほどの執着力”を持ち，何があっても“やり通す覚悟”があるならば成功できます。それがなければ成功できるはずがないという図式は，はっきりとしています。そこに疑問を挟む余地などはなく，それがすべてなのです。

（村上隆『創造力なき日本』角川書店）

　*マインドセット：判断や行動の際に基準となる考え方

問1　（　A　）に入るものとして，最も適当なものはどれですか。　　13

1．お金になるものを描きなさい
2．描きたいものを自由に描けばいい
3．人から求められたもの描けばいい
4．やるからには真剣に描きなさい

問2　筆者の考えと合っているものはどれですか。　　14

1．成功へのこだわりのないアーティストは成功できない。
2．非常なるアートへの執着の中で技術は磨かれていく。
3．アートはビジネスなどではなく個人の生き様である。
4．アートの世界で勝つために必要なのは戦略ではなく執念である。

XIII 次の文章を読んで後の問いに答えなさい。

　贅沢はしばしば非難される。人が「贅沢な暮らし」と言うとき，ほとんどの場合，そこには，過度の支出を非難する意味が込められている。必要の限界を超えた支出が無駄だと言われているのである。

　だが，よく考えてみよう。たしかに贅沢は不必要と関わっており，だからこそそれは非難されることもある。ならば，人は必要なものを必要な分だけもって生きていけばよいのだろうか？　必要の限界を超えることは非難されるべきことなのだろうか？

　おそらくそうではないだろう。

　必要なものが十分にあれば，人はたしかに生きてはいける。しかし，必要なものが十分あるとは，必要なものが必要な分しかないということでもある。十分とは十二分ではないからだ。

　必要なものが必要な分しかない状態は，リスクが極めて大きい状態である。何かのアクシデントで必要な物が損壊してしまえば，すぐに必要のラインを下回ってしまう。だから必要なものが必要な分しかない状態では，あらゆるアクシデントを排して，必死で現状を維持しなければならない。

　これは豊かさからはほど遠い状態である。つまり，必要なものが必要な分しかない状態では，人は豊かさを感じることができない。必要を超えた支出があってはじめて人は豊かさを感じられるのだ。

（國分功一郎『暇と退屈の倫理学』朝日出版社）

問1　この文章はどのような構成で書かれていますか。　　　　　　　　　15

1．冒頭で自分の主張を述べ，以下それを論証している。

2．一つのテーマについて，二つの一般的な意見を紹介している。

3．常識的な意見を否定した上で，自分の意見を述べている。

4．自説を，他者の意見を引用することによって強化している。

問2　筆者は贅沢についてどのように考えていますか。　　　　　　　　16

1．贅沢をしなければ，人は生きていけない。

2．贅沢は不必要な支出であり，非難されるべきものである。

3．不必要なものが必要なものを上回った時，それが贅沢である。

4．豊かな生活のためには，贅沢はある程度必要なものである。

XIV　次の文章を読んで後の問いに答えなさい。

　休むこともままならず肉体労働がつづくと，身体が疲れた「肉体疲労」状態に陥（おちい）ります。身体の疲れに対しては休息をとることを我々は学習しています。仕事でも日常生活でもそして遊びでも脳を使うことが圧倒的に多くなった現代ですが，脳疲労に対する関心は高まっているとは言いがたいのが実情です。

　戦後，産業構造に変化が起きても，長い間，身体が動くことが主な勤労の条件でした。ところが1990年代後半になると，サービス業や小売業の増加に加え，IT革命が起こりました。この変化は仕事のあり方をも変えたのです。

　これは，第一次産業，第二次産業に従事する人もふくめて，勤労者の条件が，従来の「身体が動く」ことから「頭が働く」ことへシフトしたことを意味しました。どんなに体力に自信がある人でも，対外交渉やパソコン業務ができないと仕事になりません。つまり，大半の業務が「脳を使う」時代に変わってきたのでした。その結果，疲労が生じる部位が「肉体」から「脳」へと大きく変質したのです。

　脳の疲労は仕事だけにとどまりません。車の運転，テレビやコンピュータなどのゲーム，はては携帯電話まで，脳が疲れやすい生活上の変化があちこちに起こってきています。

　仕事に限定して話をすると，ストレスを受け，集中力や判断力が低下すれば，すぐさま業務に支障をきたす結果になります。この状態が「脳疲労」です。

　…（略）…IT革命により勤務時間が短縮されるのではないかと，私は想像していました。しかし結果的には業務時間の短縮は起こりませんでした。…（略）…労働時間が長ければ，当然脳の過活動がつづきますし，睡眠の質も悪くなれば，疲労が回復せずに脳の働きはペースダウンします。

　こうなると，仕事の能率は悪くなり，業務に時間がかかるようになります。積極的に参加していた会議もうっとうしくなってきますし，会議が長時間になれば以前にも増して疲労を感じやすくなります。管理職であれば，部下に対してもゆとりがなくなり，細かい指導が面倒になってくるでしょう。

（『徳永雄一郎「脳疲労」社会』講談社　を参考に作成）

問1　近年，「脳疲労」の人が増えている理由は何ですか。　　　　　　　　17

1．昔に比べ仕事が難しくなったから
2．脳疲労への関心が低くなったから
3．仕事に対して真面目な人が増えたから
4．生活の中で脳を使う機会が増えたから

問2　この文章の内容と合っているものはどれですか。　　　　　　　　18

1．第一次および第二次産業の従事者は脳疲労になりにくい。
2．脳疲労の悪化と仕事の能率低下は，悪循環の関係にある。
3．脳疲労は肉体疲労とは異なり，休んでも回復することはない。
4．肉体疲労と脳疲労の間には相関関係がある。

XV　次の文章を読んで後の問いに答えなさい。

　文字とはある特定の言語を書き表すために開発された符号システムであり，これを使うことによって，口から発せられ，瞬間的に消えてしまう音声によることばを，「記録」という形で，目に見えるものに定着することができました。こうして記録されたことばは，その文字に関する約束ごとを知っている人ならば，記録された内容を読むことで，そこに書かれている情報や知識を共有することが可能です。

　さらにありがたいことには，文字が記録された素材はほとんどの場合，それほどかさばることがありません。ビルの壁面や山の岩肌などに記された文章，あるいは大きな石碑というようなケースでもない限り，記録を遠いところへ運ぶことも困難ではありませんでした。だからこそ文字は，人類の文明を伝播させる乗り物として機能することとなったのです。…（略）…

　記録された文字が伝承されれば知識を後世に伝えることができますし，逆に後世の歴史家たちは，古代の遺跡などから発見された文字を読むことによって，過去の時代の詳しい状況を知ることができます。

（阿辻哲次『漢字のはなし』岩波書店　を参考に作成）

問1　下線部「約束ごと」とは，具体的にどのようなものですか。　19

1．文字が表す意味に関する決まり
2．文字の発音に関する決まり
3．文字を記す媒体に関する決まり
4．文字の書き方に関する決まり

問2　文字の利点として，適当でないものはどれですか。　20

1．不特定多数の人々と知識を共有できる。
2．記録されたものの運搬が容易である。
3．声よりも高度な内容を伝達することができる。
4．音声を形あるものとして記録することができる。

XVI　次の文章を読んで後の問いに答えなさい。

　知的生産において，一般に情報はあればあるほどよい，と考えられがちですが，多すぎる情報は学習効率の低下を招くので注意が必要です。インプットの量と学習効果のあいだには収穫逓減の関係が成立します（図）。

　学習曲線を立ち上げるには一定の臨界量を超えるインプットが必要であり，したがって「少なすぎる情報」は，もちろん問題となります。

　一方で，インプット量がある一線を超えると学習効率は逓減してしまい，時間投資に見合った効果を得られなくなります。分野にもよりますが，高度専門家としてその分野で仕事をはじめる，ということでもない限り，三～五冊程度の主要書籍・解説書に目を通しておけば，ほぼ十分な情報量が得られるはずです。

　知的生産になんらかの形で関わる人であれば皮膚感覚として<u>この原則</u>を理解していると思います。しかし，にもかかわらず，いざとなると大量の情報をインプットしようとする人がとても多い。なぜだと思いますか？

　理由はシンプルで，そうすることで（　　A　　）からです。知的生産物がなかなか生み出せないという状況に直面すると，誰でも焦燥感や切迫感に襲われます。これが非常にやっかいで，この焦燥感や切迫感に搦めとられてしまうと，とにかく手を動かしていないと不安でしょうがないという心理状況になり，ひたすら無意味なインプットを続けるという方向に逃避してしまうのです。

（山口周『外資系コンサルの知的生産術』光文社　を参考に作成）

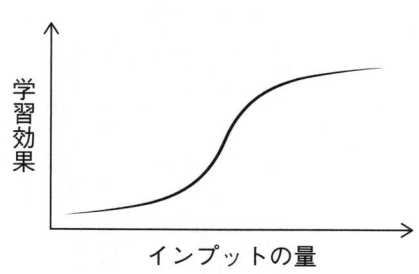

問1　下線部「この原則」とは，具体的にどのような原則ですか。　[21]

1．インプット量があるポイントを超えると，一気に学習効果が高まる。

2．インプットの量が少な過ぎる場合，満足のいく学習効果は得られない。

3．インプットの量と学習効果の間には，比例関係が成り立っている。

4．インプット量がある水準に達すると，その後の学習効率は落ちる。

問2　（　A　）に入るものとして，最も適当なものはどれですか。　[22]

1．ひらめきが生まれる

2．実際に学習効果が高まる

3．安心することができる

4．知識量が豊かになる

XVII　次の文章を読んで後の問いに答えなさい。

　目に見えないけれどこの世界には細菌がうじゃうじゃいる。机の上にも，空気中にも，手の表面にも。そして細菌はあらゆる食べ物に付着している。それを栄養源に，あっという間に細胞分裂して，二倍，四倍，八倍と倍々に増える。その過程で細菌は酸を出し，いやな臭いを発し，下手をすると毒素まで作る。だから食べ物が腐ると，すっぱくなり，くさくなる。では，これを防ぐには？　温度を下げる（冷蔵や冷凍）。密閉して加熱殺菌する（缶詰やレトルト）。細菌の増殖を妨げる薬物を練りこむ（防腐剤）。食品保蔵の工夫は，人間の知恵の歴史でもある。

　しかし不思議な食品がある。冷蔵しなくとも，熱処理しなくても，もちろん防腐剤など一切いれなくとも，ほぼ永遠に腐らない食品。ハチミツである。なぜハチミツは細菌を寄せつけず，腐ることがないのか。それはハチミツを作り出す昆虫，つまりミツバチの習性に秘密がある。ミツバチたちは花を見つけ，花の芯に溢れている蜜を吸う。吸った蜜は体内の特別な貯蔵袋に貯めこまれる。外勤バチはそれを巣に持ち帰り，内勤バチに口移しで渡す。貯蔵袋の中身は素早く，自由に，出し入れできるのだ。内勤バチは蜜を巣の奥の貯蔵室に格納する。この段階では，花の蜜はまだサラサラの薄い砂糖水でしかない。しかしほどなく変化が現れる。糖の数が二倍になり，甘さも増す。そして，内勤バチは巣の中で翅の付け根を絶え間なく振動させて発熱を起こす。

　…（略）…

　この強力な翅の発熱と送風によって，巣の中で蜜の水分はどんどん蒸発する。そしてとろりとした黄金色になる。最終的にハチミツの糖濃度は80％に達する。こんなに濃い溶液は他にない。たとえば塩はどんなにがんばっても29％以上は水に溶けない。ハチミツのこの濃さに強力な殺菌作用があるのだ。細菌がハチミツと接する。すると何が起こるか。ハチミツが細菌の水分を吸い取り，細菌は脱水症状でたちまち死滅する。…（略）…濃い溶液（ハチミツ）と薄い溶液（細菌の細胞液）が，膜（細菌の細胞膜）を隔てて隣り合うと，水は，濃い溶液をできるだけ薄め，平衡化しようとして，薄い区画から濃い区画へ一斉に移動する。この結果，細菌側の水分が吸い出される。…（略）…それゆえハチミツは古代から，殺菌剤や治療薬としても重宝されてきた。やけどや傷の化膿止めとして包帯を巻く前に塗られたのである。

（福岡伸一『ルリボシカミキリの青』文藝春秋　を参考に作成）

問1　「腐る」ということに関する説明として，適当でないものはどれですか。　　23

1．食べ物に付いた細菌が増殖することを，「腐る」という。
2．腐っているかどうかは，すっぱいかどうかで決まる。
3．腐った食べ物には，毒素が含まれていることもある。
4．細菌をすべて殺してしまえば，食べ物が腐ることはない。

問2　下線部「ミツバチの習性」とありますが，ハチミツの濃さを生み出すために最も重要な習性は何ですか。　　24

1．特別な貯蔵袋を持つ。
2．外勤バチと内勤バチがいる。
3．花の蜜を吸う。
4．翅を振動させて発熱を起こす。

問3　ハチミツが腐らないのはなぜですか。　　25

1．ハチミツに触れた細菌は，水分を奪われ死んでしまうから
2．ハチミツには膜があり，細菌は付着することができないから
3．ハチミツに含まれている成分が，細菌を死滅させてしまうから
4．ハチミツから流れ出た水分が，細菌の細胞膜を破壊するから

第 ⑤ 回　模擬試験

解答時間：70分

5

記述問題は，二つのテーマのうち，<u>どちらか一つを選んで</u>，記述の解答用紙に書いてください（解答用紙には，テーマの番号を書く必要はありません）。

　　文章は横書きで書いてください。

　　解答用紙の裏（何も印刷されていない面）には，何も書かないでください。

　　読解問題は，問題冊子に書かれていることを読んで答えてください。

　　選択肢１，２，３，４の中から答えを一つだけ選び，読解の解答欄にマークしてください。

記述問題

　以下の二つのテーマのうち，<u>どちらか一つを選んで</u> 400〜500字程度で書いてください（句読点を含む）。

① 　子どもの言語教育において，早いうちから外国語を学ばせるべきだと考える人もいれば，まずは自国語の学習を徹底すべきだと考える人もいます。

　子どもの言語教育はどうあるべきだと思いますか。上の二つの考えに触れながら，あなたの考えを述べなさい。

② 　ある国の労働力人口の不足を補うための政策として，外国から労働者を迎え入れる方法と，自国の労働力人口を増やす方法があります。

　労働力人口の不足を補う場合に，どのような方法をとるのがよいと思いますか。上の二つの考えに触れながら，あなたの考えを述べなさい。

読解問題

I　次の文章は，防災訓練のお知らせです。内容と合っているものはどれですか。　　[1]

東都大学防災訓練実施のお知らせ

　本年度も，来_きるべき巨大地震発生に備え，災害に対する対応能力の向上を図るため防災訓練を実施いたします。

実施日時：10月18日（水）

　　　　　※時間はお知らせいたしません。ご迷惑をおかけするとは存じますが，何卒ご了承ください。訓練は2時間程度を予定しています。

　　　　　※雨天延期。10月25日（水）

訓練内容：避難訓練・地震体験・救命訓練・消火訓練の順に行います。

　　　　　※消火訓練は自由参加です。

注意事項

・地震発生を知らせる校内サイレンおよび放送の後，教職員は学生を第1グラウンドに誘導してください。授業中でない人も，各自第1グラウンドに集合してください。

・貴重品および持ち物は各自で携帯してください。

・人数確認をいたしますので，当日大学構内にいる方は必ず参加してください。

・訓練時間中は，各業務窓口を閉鎖します。

1．必ずしも最後まで訓練に参加しなくてもよい。

2．雨の場合は一部内容を変更して実施される。

3．教職員と学生は別行動でグラウンドまで移動する。

4．授業中の人は荷物を置いて速やかに移動する。

II 次の文章で，筆者は，最近の若者の読書はどのようなものだと言っていますか。 2

　私たちくらいの世代まで，文学についての知識は「基本的教養」とされており，「知的な高校生と思われるための必読書リスト」についての暗黙の社会的合意が存在していた。だから，そのリストの書名をひとつひとつ塗りつぶしてゆくような「義務的読書」が励行されたのである。

　「みんなが読んでいる本だから，私も読まねば」という教養主義的な読書は文学作品に向かう動機としては不純だが，結果として「教養」の平準化が果たされたことは紛れもない事実である。

　だが，当今の文学少女たちは，そのような本の読み方はしない。

　近年の若い人の際だった特徴は，「特定のジャンル」への関心の集中である。それが文学であれ，映画であれ，音楽であれ，マンガであれ，興味のあるジャンルについては異常に詳しく，隣接するジャンルについてはしばしば何も知らない。

（内田樹『街場の現代思想』文藝春秋）

１．文学作品は読まず，マンガにしか関心がない。
２．周りが読んでいる本を自分も読もうとする。
３．教養ではなく娯楽のために文学作品を読む。
４．特定のジャンルの作品にしか興味を示さない。

Ⅲ　下線部「科学疎外」とはどういうことだと筆者は述べていますか。　　　③

　　現代社会では，科学・技術が発展したため，技術のパック化，*ブラックボックス化がおきています。私が中学生ぐらいのときは，家庭にある最高の電器製品といえば，真空管が五つぐらいのラジオでした。その真空管がどういう働きをしているかは，中学生ぐらいでもラジオの本を読めば多少は理解できる。故障したときにも「ボクが直してやる」ということが可能でした。しかし，いまのテレビはそうはいきません。たとえ，大学の理科系の教授であっても，さわらないほうがいい。

　　つまり，このボタンを押したらこういう結論が出てくるという機能はわかるが，どうしてそうなるか，その因果関係は見えにくくなっている。科学が発達したために，逆にそこで生じている現象，使われている原理，それらの組み立てが見えなくなっていく。科学が人間の世界にとって，よそよそしいものになってしまうという，科学疎外がおこっています。

（益川敏英『学問，楽しくなくちゃ』新日本出版社　を参考に作成）

　　*ブラックボックス：内部構造や処理過程が部外者にはわからないこと

1．科学・技術の仕組みの理解が難しくなっているということ
2．科学・技術が嫌いな人が増えているということ
3．科学・技術が人類の生活を脅かしているということ
4．科学・技術の発展により人間が不要になりつつあること

Ⅳ　次の文章で，筆者は，成熟した市場で商品やサービスを売る際に重要なことは何だと言っていますか。　　4

　以前は…（略）…商品の種類や品質に明らかな差があり，高品質な商品，新しいアイデア商品，斬新なデザインの商品をつくれば，それが評価されて売れました。

　それは今も同じなのですが，以前よりもそうした画期的な商品が少なくなり，商品間の品質やデザインの差が縮まり，どの商品を選んでも大差なくなりました。どれでもある程度は満足できるものになったのです。

　そうした成熟した市場で差を生むのは商品ではなく社員です。商品の品質やデザインが優れているとか，品揃えが豊富だとか，値段が安いということよりも，むしろ素敵な社員がいるからとか，知りたい情報をいろいろ教えてもらえるからとか，親身になってサービスをしてくれるからとか，賢い消費者はそういう理由で商品やサービスを選んでいます。

（坂本光司『社員と顧客を大切にする会社』PHP研究所）

１．他社よりも高品質で安価な商品の開発
２．計画立案力に優れた社員の育成
３．オリジナリティのある商品づくり
４．顧客に親切な社員の養成

V 下線部「食品にも同じ方程式が当てはまります」とありますが，ここではどのような
　意味ですか。
5

　鮮やかな衣装を見せるファッションショー。当然衣装の展示がメインなのですが，その
衣装をきれいに，エレガントに見せるために登場するのが，ファッションモデルです。ファッ
ションモデルは歩き方やターンの仕方など細かい点にも気をつけます。
　食品にも同じ方程式が当てはまります。料理としての美味しさには，色，形状，量，盛
り付け，さらに実際に食べるものではない食器も影響します。そのため，どれだけ良い素
材を使っても，また味を良くしても，盛り付けが雑であったり汚かったりしたら，それま
での苦労は水の泡になってしまいます。実際，食品会社では加工食品の包装にも注意し，
色合いや大きさなどを繰り返しチェックしています。

（中村弘『トコトンやさしい味の本』日刊工業新聞社　を参考に作成）

1．よい料理人でなければ，美味しい料理は作れない。
2．見た目によって，料理の美味しさは変わる。
3．料理の味にとって最も重要なのは，素材の質である。
4．料理では，見た目よりも味が重視される。

VI 次の文章の（　A　）に入るものとして，最も適当なものはどれですか。　　6

　ヒトのなかでも，まだ言葉の話せない赤ちゃんの意思を私たち大人が理解することは難しい。なぜなら赤ちゃんは，泣くことによって，「オッパイがほしい」「眠たい」「体調が悪い」という自分の欲求をすべて表現するからである。四六時中赤ちゃんに接している母親だから，泣き方の微妙な違いによって，赤ちゃんの意思を理解できるのだ。ところが，言葉を話せるようになると，「ママだっこ」「ごはん」と言うから，母親でなくても理解できるようになる。このように言葉の出現は，（　A　）という働きをもっている。

（友枝敏雄他『社会学のエッセンス ——世の中のしくみを見ぬく〔新版補訂版〕』有斐閣）

１．赤ちゃんの成長を周りの人に知らせる
２．赤ちゃんを動物的な欲求から解放する
３．私たちのコミュニケーションをスムーズにする
４．コミュニケーションの難しさを赤ちゃんに教える

　次の文章で，筆者は，痛い・苦しい・コワいといった感覚や感情の存在意義は何だと言っていますか。

　痛い，苦しい，コワいという感覚や感情は，だれにとっても不快なものですが，なければいいというものではないようです。じつは，どれも生きていくためにはとても大事なものです。

　たとえば，痛みをまったく感じないという特殊な病気があります。患者さんの数は少ないのですが，生まれたときから鋭い痛みも鈍い痛みも感じにくいのです。歯で口の中を噛んだり，捻挫したり，お腹の調子が悪くなったりしても，痛いということがないので，体調の異常が本人にはわかりません。まわりがよほど気をつけて面倒をみないととても暮らしにくいのです。痛いという感覚は，その状況から脱出しなければ，生存にとって危険なことが起きるということをヒトに知らせる大事な信号です。無視されないようにこころに「負担」をかけているとも考えられます。

　「コワい」という感情も似ています。コワいと感じる状況は，その状況は危険な目にあうかもしれないという状況です。痛いと同じように，自分に危険を知らせる大事なこころの信号だと考えてもよいでしょう。

（川合伸幸『コワイの認知科学』新曜社）

1．現前の状況への対処法を教えてくれること
2．周囲の自分への注意を喚起してくれること
3．危険な状況であることを知らせてくれること
4．生存に必要な免疫力を強化してくれること

VIII　下線部「球根を買い，育てる」のここでの意味として，最も適当なものはどれですか。

8

　日本人はこれまで，ヨーロッパに咲いた文明の“花”を切り取ってきて，身辺に飾ることを勉強だと思い，それを模倣することをもって社会の進歩と考えてきた。大学教育なども切り花専門の花屋で，ギリシャ以来の名花をそろえ，これを知らなければ恥だと，学生に押しつけてきた。

　これでは，いかにして花を咲かすかを考える暇は，もちろんない。しかし，花屋へ通ったおかげで，花が美しいということは知っている。そういう教育が普及した結果，サラリーマンにも切り花を買った人が増加したが，反面，花は適当に切りとられているもの，根がないものという錯覚を生んでしまった。

　むしろ，花屋を知らなかった昔の人のほうが球根を買い，育てることができた。いまは切り花の知識で人生を始める。そのために，根がなければ花は咲かないという認識を欠いている。

（外山滋比古『ライフワークの思想』筑摩書房）

１．自分の頭で考え，新たなものを創造すること
２．過去の学問の成果に新たなものを加えること
３．西欧起源の学問を徹底的に模倣し学ぶこと
４．西欧文明の根底にあるものを探り出すこと

IX 次の文章で筆者が述べている「型」の説明として<u>適当でないもの</u>はどれですか。

9

　　いけばな教室で最初に教わるのは，「型」と呼ばれるいけばなの設計図。型は各流派に固有のもので，素人目には判別しづらいのですが微妙に異なります。これらの型は，師匠から弟子へと何代にもわたって試行錯誤を重ねる中で編み出された，先人の努力の賜物です。型を知れば，この何百年分の先人の努力の蓄積が自分のものになるのですから，これを学ばない手はありません。型は，唯一解でこそありませんが，大多数の人たちから美しいと認められた一つの答えです。

　　また，型は，伝書が説く様々な美の法則を縦横無尽に駆使して作り上げた，知恵の結晶です。ですから，たとえ伝書の内容を隅から隅まで網羅していなくても，型さえ身につけておけば美しい花がいけられるわけです。型を学ぶことは，美しい花をいけるための唯一の近道なのです。

（笹岡隆甫『いけばな』新潮社）

1．型には先人の試行錯誤の跡が刻まれている。
2．型の遵守は，独自性を損なうおそれがある。
3．型とは美に関する一つの共通了解である。
4．型の通りにいければ，美しい花ができ上がる。

X　次の文章で，筆者は，セグロカモメのヒナが親を全体として見ない理由についてどのように述べていますか。　　10

　動物行動学者のティンバーゲンは，セグロカモメのヒナは餌がほしいとき，親鳥のくちばしの先にある赤い点をつくことを発見した。ヒナは親鳥をその全体の姿で認識しているのではなく，くちばし状の形とその先端にある赤い点として把握しているのである。それがヒナにとって，親を認識するために先天的にプログラムされた約束事である。この時期のヒナには，たとえ赤い印をつけた棒であっても親鳥に見えるのである。

　どうしてセグロカモメのヒナは親を全体として見ないのか。それは逆のパターンを考えればわかる。視覚に入ってくるすべての情報を分析してから認識するとなったら，とほうもない情報処理能力と時間が必要とされる。野生動物が，そんなことに時間をかけていては，自分の生存が危ぶまれる。そのため，いま生きるうえで必要な情報だけを取りだし，わかりやすくパターン化してイメージを作りあげているのである。

（田中真知『美しいをさがす旅にでよう』白水社）

１．視覚がまだ十分に発達していないから
２．情報を処理する能力が低いから
３．生存に必要な情報しか見ていないから
４．餌をくれるのは親しかいないから

XI　次の文章を読んで後の問いに答えなさい。

　「*敷居を踏んではいけない」「畳の縁は踏んではいけない」という禁忌は，おそらくだれもが小さなころから耳にしてきたはずだ。茶の湯の世界にはさまざまな決まりごとがあるが，この禁忌もそのなかのひとつ。踏んでいけないのは「行儀が悪いから」「作法にかなっていないから」と説明されたりもする。「畳の縁は踏むと擦りへって傷みがはやいから」「敷居を踏むと重みで歪むから建て付けが悪くなる」など，極めて（　Ａ　）"理由"もいわれてきた。
　民俗学的には「敷居」は，「境界」という概念を使ってとらえる。この概念を示したのはフランスの民俗学者Ａ・ファン・ヘネップである。ヘネップは20世紀初頭，『通過儀礼』という著書の中でこの概念を提示しているが，簡単にいうと，前の段階から次の段階へと移行するさいには必ず，前の段階との分離の儀礼があり，どっちつかずの過渡の状態を経て次の段階である統合の儀礼へとすすむ。「境界」には，時間的にも空間的にも，この三段階が存在する。この論がさらに発展し，あらゆる自然の状態のなかにある"連続性"に「境界」を人間自らがつくりだし，そこがさまざまな儀礼が要求される場所となったのだと考えられたのである。
　この「境界」は，"どっちつかずで曖昧で，不気味で危険な場所である"とみなされ，禁忌習俗が多く見出される。「敷居を踏んではいけない」という禁忌の背景には，この境界不安があるといってよい。

（新谷尚紀監修『日本人の禁忌』青春出版社　を参考に作成）

　＊敷居：引き戸や障子を横にすべらせるために作られた溝の下側のもの

問1　（　A　）に入るものとして，最も適当なものはどれですか。　　　⑪

1．科学的な
2．迷信的な
3．教育的な
4．実利的な

問2　「敷居を踏んではいけない」「畳の縁は踏んではいけない」という禁忌が生まれた理
　　由を，民俗学はどのように説明していますか。　　　⑫

1．敷居や畳の縁を踏むことは，自然の秩序を乱すことになるから
2．境界としての敷居や畳の縁に対する畏れがあるから
3．敷居や畳の縁を踏むと，家の神の怒りを買うことになるから
4．日本の家屋において，敷居や畳の縁は儀礼を行う場所だから

XII　次の文章を読んで後の問いに答えなさい。

　当時の大学の学問には「男の子，いかに生きるか」という哲学や社会科学しか存在しなかった。つまり，女性が関心のある領域，例えば，妊娠や出産，中絶，家事労働や性愛について，学問の世界ではこれまでまったく研究されてこなかったのだ。家族の中にも家族の外にも女がいるにもかかわらず，学問の世界では(1)女は見えない存在だった。

　このように学問の世界には，男性が関心を払わず，学問として価値がないと思われてきた研究主題が山のように眠っていて，まるで宝の山だった。

　そこで私たちは，女性が自分自身を研究対象にした，「女の，女による，女のための学問研究」を始めた。それが女性学である。女性のそういった分野を研究テーマにした人は今までいなかったから，誰がやってもこの分野のパイオニアとして第一人者になれた。

　女性が女性の関心のある分野を研究テーマに選ぶ。じゃあ男性はどうすればいいのか。男性学はあるのか，という問いが当然たつだろう。

　答えはイエス。これまでの学問研究はすべて男の，男による，男のための学問であったと考えれば，「人間学」と名のってはいたけれど，実際の中身は「男性学」だったと考えてもよい。しかし女性学ができたあとに登場した(2)新しい男性学はそれとは違う。それは，「女性の目にボクってどんな風に映っているの？」と自画像を初めて見た男性たちによる自己省察の学問，と言ってもよいかと思う。

（上野千鶴子「ジェンダー研究のすすめ」

永井均他『考える方法』筑摩書房）

問1　下線部(1)「女は見えない存在だった」とは，どういう意味ですか。　　　13

1．女は家庭の中にいるべき存在と見られていた。
2．女は研究の対象とはされていなかった。
3．女は研究者として認められていなかった。
4．女は学問をしなくてよいと考えられていた。

問2　下線部(2)「新しい男性学」の説明として，正しいものはどれですか。　　　14

1．男性を相対化して捉えるようになった。
2．女性が男性について研究したものである。
3．男性の中にある女性性の解明を目指した。
4．女性学の研究成果を積極的に取り入れた。

XIII　次の文章を読んで後の問いに答えなさい。

　ビジネスの基本原理は競争だ。この「競争」という言葉には，実に殺伐としたイメージ
があるが，そうではない。競争こそが豊かな世界を作り出すのだ。

　ビジネスの世界を生物の世界に置き換えてみよう。豊饒（ほうじょう）な生物の世界。その大原則は
生存競争だ。生存競争こそが，多様な生物種やダイナミックな生態系を創り出す。

　ビジネスの世界も同じだ。競争があるからこそ，創意工夫や技術革新が生まれ，優れた
商品や新しいサービスが誕生し，ドラマが作られる。市場に適応できずに潰（つぶ）れる会社があ
る一方で，新たな市場を創り出して成長する会社がある。競争を通じて繁栄していくのが
ビジネスなのだ。

　…（略）…

　では，あなたの会社はどのように競争すればいいのだろう。…（略）…

　ビジネスの世界にも，たくさんの市場（樹木）があり，多様な業種（生物種）があり，
数多くの会社（個体）が存在する。競争に負けたり，市場が縮んだりすると，今の居場所
ではやっていけなくなるかもしれない。でも，それなら次の市場を見つければいいだけの
話だ。

　それに，他社がすべて敵というわけではない。ビジネスとは，他社と持ちつ持たれつ，
共存・協力していくことだ。多くの会社は生まれて三年以内で消えるが，100年以上生き
る会社もある。そして消える場合も，他社に食われて消える（合併）のではなく，ほとん
どは餌（お客）を見つける力がなくて消えていくのだ。

　ビジネスの競争とは，多様な市場環境の中で，周囲のプレーヤーと競争・協力しつつ棲
み分け，自分の餌場を確保していくことなのだ。

（河瀬誠『戦略思考のすすめ』講談社）

問1　下線部「ビジネスの世界も同じだ」とありますが，その説明として最も適当なもの
　　　はどれですか。　　　　　　　　　　　　　　　　　　　　　　　　　　　15

１．ビジネスの世界は，生物の世界と同様，弱肉強食である。
２．ビジネスの世界には，生物の世界と同様，多様な会社がある。
３．ビジネスの世界は，生物の世界と同様，人材の成長が重要である。
４．ビジネスの世界は，生物の世界と同様，競争によって繁栄する。

問2　会社の戦略について，筆者の考えと合っているものはどれですか。　　16

１．競争に勝って他社の顧客を奪わなければ，ビジネスの世界では生き残れない。
２．他社と共存しながら現状維持を図っていくのが，生き残りには賢明である。
３．競争だけではなく会社同士で協力しなければ，顧客は確保できない。
４．現在顧客を得ている市場が縮小したとしても，安易に市場を変えるべきではない。

XIV　次の文章を読んで後の問いに答えなさい。

　もともとうわさが生まれ広がるには、「火のない所に煙は立たない」とのことわざがあるように、そのための要因が必要です。一般的にうわさや流言の発生を左右する要因として、状況の「重要性」と「あいまい性」があげられており、アメリカの社会心理学者オールポートとポストマンは、うわさの発生量を次のように定式化しています。

　発生量＝重要性×あいまいさ

　外部に意味のわからない状況が発生すると、人々はそれを情報によって解釈しようとします。しかし必要とする情報と得ている情報にギャップがある場合、それを不確実性と呼びますが、人々はそれを解消するために、積極的にいろいろな情報を集めたり、あるいはすでにある情報を独自に解釈したりします。特にあいまいな情報によって解釈が行なわれる場合が、うわさとなります。

　「重要性」は、特にうわさに関与する人々の問題です。前述の不確実性が、人々に心理的な不安を与えること、さらに多数の人間が同じ不安を共有しているかどうかが、うわさが広がるために大きな影響を及ぼします。わかりやすく言えば、ある特定の状況に対する意味がわからないことが、多くの人々に不安を与える場合、うわさが生まれやすくなるわけで、自分たちにとってどうでもいいことは、うわさにはなりません。うわさは、問題の重要性と状況のあいまいさに比例するということになります。

（春木良且『情報って何だろう』岩波書店）

問1　第2段落（「外部に〜うわさとなります。」）は，何について述べていますか。　17

1．状況の重要性と，状況のあいまい性の定義
2．人が外部の状況を解釈する方法
3．状況のあいまい性と，うわさの発生量の関係
4．情報のあいまい性が高まる条件

問2　かつて日本で「口裂け女」という都市伝説（都市を中心に広まったうわさ）が流布
　　　したことがありましたが，この文章の内容を踏まえると，それが流布した理由として
　　　最も適当なものはどれだと考えられますか。　18

1．実際に遭遇したという人が後を絶たなかったから
2．本当にいるかもしれないという不安を多くの人々が抱いたから
3．どのような姿をしているのかということがはっきりしなかったから
4．この世ならぬものが実在したことに多くの人が恐怖を感じたから

XV　次の文章を読んで後の問いに答えなさい。

　私は，日本は外来文化を非常に広く受け入れる，世界でも珍しい社会であると思っています。（　Ａ　），日本にくれば世界中の料理があるし，世界中の文化のいろいろな面を見ることができます。また，欧・米を中心として外国語の書物の翻訳も書店にあふれています。しかし同時に，日本の文化の特性として，外来文化を自分たちが必要だと思うところは全部取り入れてしまうが，そうすると本来の文化が持っていた形を全部なし崩しにして自文化に同化させてしまう，あるいは消化してしまうところがあるとも思っています。

　（　Ｂ　），平仮名とか片仮名という日本の文字はもともとは中国の漢字からつくり出されたものといわれていますが，いまではこれにさらにローマ字も加えて使っているわけです。それらを日本語の中に吸収してしまい，漢字も本来の中国語とは違う意味や音で用い，ローマ字も日本語的に使っています。

　日本文化には，非常に開かれた受容性と，同化あるいは消化による閉鎖性が同居している側面があります。そしてそれが，これだけ外来文化を多く取り入れているのに，依然として異文化に対して非常にナイーブだといわれ，国際化で苦しんでいる大きな理由ではないかと思っています。

（青木保『異文化理解』岩波書店　を参考に作成）

問1　（　A　）（　B　）に入るものの組み合わせとして，適当なものはどれですか。

19

1．A　いつでも　　B　けれども
2．A　なぜなら　　B　一般には
3．A　ですから　　B　たとえば
4．A　ところが　　B　なぜなら

問2　筆者が考える日本および日本文化の特徴として，正しいものはどれですか。　20

1．日本は取り入れた外来文化を日本的に変質させてしまう。
2．日本文化が外来文化の流入によって変質することはない。
3．日本は取り入れた外来文化をより高度なものに作り変える。
4．日本は文化の受容には積極的だが，自文化の発信は苦手である。

XVI　次の文章を読んで後の問いに答えなさい。

　ぼくの作品は美術より建築に近い。いや，建築と美術のちょうど中間ぐらいですね。間を狙ったんですね。受験もそうでしたが，間しか狙うところがなくて。隙間産業みたいな生き方です。ほかにやる人がいないのなら，ぼくがそれをやろうかという選択。だから積極的にアーティストになろうと思っていたわけじゃない。

　ただ，斜に構えた態度で物事を考えたほうが，人とは違うものが見えてくることは経験からいえる。自分でいうのもおかしいですが，メインストリームから外れた人こそ，将来メインストリームになりうる。美術の歴史を見るとわかるのですが，その時代にメインストリームにいた人は美術史に残らないのですよ。意外に思うでしょう。要するに，当時はアウトローだった人が，いま美術史でメインストリームとして扱われている。…（略）…

　著名な美術評論家は「観客は後からついてくる」といいます。この言葉の意味は，いまの観客がそのままずっと観客でいるわけじゃないということ。人びとの価値観はどんどん変わり，十年後，二十年後，三十年後，五十年後に，新しい観客が本当の価値を見つけていく。だから，アーティストは作ったものの価値を観客に合わせるのではなく，価値観を堅持しながら突っ切るしかないのです。そういう使命感はものを作る人のなかにあるべきでしょう。

（川俣正「外国で作品を制作するということ」

『高校生と考える世界とつながる生き方』左右社）

問1　下線部「観客は後からついてくる」とは，どういうことですか。　21

1．作品の価値は将来の観客が決めるということ
2．作品は観客の価値観を変えてしまうということ
3．いい作品を作れば自然と観客は増えていくということ
4．観客は自分の価値観に合うアーティストを好むということ

問2　筆者の考えと合っているものはどれですか。　22

1．観客に迎合するアーティストは，「いま」でさえ受け入れられることはない。
2．何十年後かに受けるであろう評価を思い描きながら，作品を作るべきである。
3．メインストリームの間を狙った方が，むしろ「いま」の観客に受け入れられる。
4．たとえそれがアウトローだとしても，己の価値観で作品を作り続けるべきである。

XVII　次の文章を読んで後の問いに答えなさい。

　新人の扱い方がわからないという声がいろんな職場で聞かれるようになった。

　とくに「上から目線」の若手に関する嘆きや相談が目立つ。まだ仕事についてほとんどわかっていないはずの新人が偉そうなことを言うのに驚かされるといった類の話をよく耳にする。

　…（略）…

　30代の人たちに面接調査で尋ねたところ、上の年代よりも下の年代の後輩たちの態度に「上から目線」を感じることが多いという。後輩から偉そうに意見されて、内心むかついたことがあるという人も少なくない。

　関係性の問題もあるし、若手の言い分にも一理あるといったケースもあるんじゃないかとも思われる。だが、自分の未熟さや至らない点を素直に振り返れる人間が成長できるということを考えると、「上から目線」な態度は、成長にとってマイナスといえる。

　「上から目線」な態度が、じつは自信のなさのあらわれであることが多い。自分の能力に自信がなかったりする場合に、その不安をかき消すかのように、他の人を「上から目線」で見下して、こき下ろしたり、偉そうなコメントをしたりする。

　自分のことは棚上げして、他人の至らなさばかり批判する。周囲を見下すことで、自分自身の不安から目を逸らす。自分の課題に目をつぶる。

　誇大自己を掲げることで、人から見下されるのではないかといった不安をかき消そうとしているのだ。誇大自己とは、現実の自分とはかけ離れた全能の自分、非現実的なほどに素晴らしい自分のことだ。

　日頃の現実の自分を直視すれば、やらなければならないことがきちんとできていない自分、成果を出せない自分、仕事に集中できない自分、意思が弱く怠惰に流されがちな自分を認めざるを得ない。それは気分が悪いし、不安が高まる。何とかして現実から目を背けていたい。そこで、誇大自己を掲げ、他人の至らなさをこき下ろすことで、現実の自分から目を逸らす。自己防衛の心理メカニズムだ。

　…（略）…

　（　Ａ　）があるが、それと同じことだ。「自分はこんなもんじゃない」という心理が、不健全な形で機能しているケースといえる。

（榎本博明『「自分はこんなもんじゃない」の心理』PHP研究所　を参考に作成）

問1　下線部「まだ仕事についてほとんどわかっていないはずの新人が偉そうなことを言う」とありますが，その心理について，筆者はどう言っていますか。　23

1．上下の別なく意見を言い合うことが，仕事をよいものにすると思っている。
2．他者を批判することによって，自身の不全感を解消させようとしている。
3．上の年代が言うことはもはや時代遅れであり，自分の方が正しいと思っている。
4．自分は仕事ができる人間だということを広く知って欲しいと思っている。

問2　（　A　）に入るものとして，最も適当なものはどれですか。　24

1．国内情勢がかんばしくないにもかかわらず，何も手を打とうとしない国
2．自国の発展を最優先させ，世界の出来事には全く目を向けようとしない国
3．国際会議でやたら威勢のよいことを言うが，何ら問題解決能力を持たない国
4．外敵を設定することで，国内の矛盾から国民の目を逸らさせようとする国

問3　筆者の考えと合っているものはどれですか。　25

1．「上から目線」は，職場環境に悪影響をもたらすのでやめた方がよい。
2．誇大な自己を掲げることによって，自信のなさに打ち克つことができる。
3．「上から目線」な態度ばかりとっていると成長できない。
4．自己防衛のためにやっているので，「上から目線」は一概に悪いとは言えない。

第 ⑥ 回　模擬試験

6

記述問題は，二つのテーマのうち，<u>どちらか一つを選んで</u>，記述の解答用紙に書いてください（解答用紙には，テーマの番号を書く必要はありません）。

　　文章は横書きで書いてください。

　　解答用紙の裏（何も印刷されていない面）には，何も書かないでください。

　　読解問題は，問題冊子に書かれていることを読んで答えてください。

　　選択肢１，２，３，４の中から答えを一つだけ選び，読解の解答欄にマークしてください。

記述問題

　以下の二つのテーマのうち，どちらか一つを選んで 400〜500字程度で書いてください（句読点を含む）。

① 　「働かざる者食うべからず（食べることは許されない）」という＊格言があります。この「働かざる」を「働いていない（A）」と解釈する場合と，「働こうとしない（B）」と解釈する場合では意味が違ってきます。
　　AとBの違いについて，あなたの考えを述べなさい。

② 　「時は金なり」という格言があります。これを「時間はお金を生み出す源泉だ（A）」と解釈する場合と，「時間はお金のように貴重なものだ（B）」と解釈する場合では意味が違ってきます。
　　AとBの違いについて，あなたの考えを述べなさい。

＊格言：短い言葉で，物事や人生の真理を言い表したもの

読解問題

I　次の募集案内の内容と合っているものはどれですか。 [1]

発掘体験イベント参加者募集

　今年度も，文学部考古学科主催の発掘体験イベントが，来る５月に開催されます。例年，希望者が多数の人気のイベントです。今年も皆さん，奮ってご応募ください。

記

1．日時：５月21日（日）　９時30分～18時

　　※雨天決行。ただし大雨の場合，発掘体験は中止とし，内容を変更します。

2．タイムスケジュール

時間	場所	内容
9:30	長島駅	集合
9:45～11:15	長島遺跡博物館	館内見学，発掘について説明を受ける
11:30～12:30	長島駅周辺	各自昼食
12:30	長島駅	バス出発（貸切）
13:00～17:30	長島遺跡	発掘体験
18:00	長島駅	解散

3．参加費用：3000円（バス運賃・博物館入館料・発掘体験費を含む）

　　※当日，徴収いたします。

　　※長島駅までの交通費・昼食代は各自負担でお願いします。

4．定員：60名（人気イベントにつき抽選）

5．申し込み：４月21日（金）までに，「発掘体験イベント参加」という件名で，以下のアドレスにメールを送信してください。その際，必ず，氏名・学籍番号・在籍学部及び学科・学年・メールアドレスの５項目を明記してください。

　　考古学研究室　archaeology-office@XXXX.ac.jp

6．抽選結果：５月10日（水）の15時にメールでお知らせします。当選落選のいかんにかかわらず，応募していただいた方すべてに抽選結果をお知らせします。

1．抽選結果は落選者にもメールで知らされる。

2．参加費用には昼食代も含まれる。

3．大雨が降った場合，イベント自体が中止となる。

4．長島駅から博物館まではバス移動である。

II　次の文章で，筆者がとっている研究のスタンスはどれですか。　　　　　2

　私は，最近は，「一つのシナプス」「一つの神経細胞」など，脳の中の小さい「部分」を細かく追求するという研究の方法を離れることが脳の理解につながるのではないだろうか，と，考えています。もちろん，脳の活動の基本が，「一つのシナプス」「一つの神経細胞」にあることは，間違いありません。しかし，「部分」は「部分」にすぎないのです。

　…（略）…「自動車を作る時には，原子や分子の階層は意識しない」と，同じように，「脳の活動を考える時には，『一つのシナプス』『一つの神経細胞』は意識しない」というのが，今の私の研究方法なのです。

　もちろん，「シナプス」「神経細胞」がなければ脳の活動もないのですが，ただし，「一つのシナプス」「一つの神経細胞」の「部分」を眺めるだけでは，脳の「全体」の活動はかえって見えなくなってしまうのではないのだろうか，と，次第に考えるようになってきました。

　こうした私の研究姿勢は，分子生物学をはじめ，ものごとを細かく分解するのが主流のサイエンスの世界では「異端」のスタンスなので，なかなか理解してもらいにくいのですけれど。

（池谷裕二 他『ゆらぐ脳』文藝春秋）

１．他の研究分野からは独立して研究を行う。
２．脳の部分ではなく，全体の活動を追究する。
３．脳を細かく部分に分けた上で研究する。
４．脳の部分の研究を積み重ねて，全体に迫る。

III　次の文章で，筆者が最も言いたいことはどれですか。　　　　　　3

　以前，私が受講したある大学の講義では，美術鑑賞には「正しい見方」があると教えていました。美術鑑賞とは「作品のなかに歴史的社会的な意味を読み取ることであって，決して個々人が好き勝手に見ることではない」として，主観的な見方は「間違っている」とまで否定していました。

　…（略）…

　アートとは多種多様な表現によって多種多様な価値観を発信するものなのに，見るにあたっては一つの見方しか許されないというのでは，アートの存在意義自体が否定されかねません。いまだに一部の大学でそのような授業が行われているのは問題だと思います。

　…（略）…

　アート鑑賞は個人個人が主体的主観的に見て愉しめばよいものです。アート作品が作者ごとの多様な表現を披露し，多様な価値観を見る者に問うのと同じように，私たち見る側もそれぞれの主観的な価値観と感受性で多様にアートを見てよいのです。

（藤田令伊『アート鑑賞，超入門！』集英社）

1．アートは個人の自由な感性で鑑賞すればよい。
2．大学はアートの正しい見方を教育しなければならない。
3．アート作品には歴史社会的な意味が隠されている。
4．作者の創作意図を自由に解釈するのがアート鑑賞だ。

Ⅳ　次の文章で，筆者は，おいしいお茶を淹れるにはどうすればよいと言っていますか。

　お茶のおいしさを左右するのは，うまみ成分のアミノ酸だ。このアミノ酸は低い温度のお湯でじっくりと時間をかけるほうが，より多く抽出される。上級*煎茶や玉露などを淹れるときの注意書きに，「お湯は70度程度までさましてから淹れる」とあるのは，このためである。

　一方，お茶の渋み成分であるカテキン類や，苦み成分のカフェインは，熱いお湯で淹れると早く抽出されてしまい，苦渋味の強いお茶になってしまう。お茶をおいしく味わうためには，こうしたお茶の成分の特徴を知って，それに応じた淹れ方をするとよい。

　まず，いきなり熱いお茶を入れると，前述したように渋みの強いお茶になってしまうので，一煎目は，50～60度の低めの温度のお湯でじっくりとアミノ酸を抽出させてうまみを楽しむ。そして二煎目では，一煎目よりもやや熱いお湯で淹れる。こうするとまずお茶のうまみをじっくり味わい，二煎目ではお茶の渋みを加えたうまみを楽しむことができる。また，カテキンは長くおくほど抽出量が増えるので，お茶をつぐときには最後の一滴まで注ぐことが，おいしく飲むためのだいじなコツである。

（小國伊太郎監修『心と体に効くお茶の科学』ナツメ社）

＊煎茶・玉露：日本茶の種類。栽培方法が異なる

1．一煎目も二煎目も低めのお湯で淹れ，渋みを味わう。
2．一煎目は低めのお湯で淹れてうまみを，二煎目はやや熱いお湯で淹れ渋みも楽しむ。
3．一煎目も二煎目も熱いお湯で淹れ，うまみと苦味を楽しむ。
4．一煎目は熱いお湯で淹れ渋みを味わい，二煎目は低めのお湯で淹れうまみを味わう。

V　次の文章で述べられている筆者の考えと合っているものはどれですか。　　5

　「IT頭脳」とは，私に言わせれば，ボーダレスに通用するロジカル（論理的）な頭脳である。では，ボーダレスに通用するロジカルな頭脳をつくるために教育がやるべきことは何か？　私は2つしかないと思う。1つはロジカル・シンキング（論理思考）の回路を確立すること，もう1つは英語などの語学とITを身につけることである。

　ロジカル・シンキングの回路とは，物事を論理的に考える回路である。新しい問題，前例のない問題に直面した時，答えを丸暗記しただけの"知識"は何の役にも立たない。得られた情報を基に自分なりのアプローチで論理的に考え，答えを見つけて問題を解決していかねばならない。そのための土台となるロジカル・シンキングは，これからの世の中で最も重要な技術であり，社会人になる前に必ず身につけておかねばならない技術である。

　ところが，日本の教育は「欧米に追いつけ追い越せ」という明治時代の教育から，ほとんど進歩していない。すなわち，最初から答えがあって，その答えをいかに早く覚えるか，ということだけが重視されている。方程式を丸暗記し，それに数字を入れて早く答えを出した人間が受験戦争に勝つ。しかし，過去の例を振り返ると，そういう人間は世の中に出てから大きな間違いを犯す危険性が高い。

（大前研一 他『実戦！問題解決法』小学館）

1．現在の日本の教育は，ロジカル・シンキングをも知識として教え込もうとしている。
2．欧米を追い越すためには，ロジカル・シンキングを身につける必要がある。
3．ロジカル・シンキングができなければ，未見の問題を解決することはできない。
4．ロジカル・シンキングを身につければ，英語もITも上達しやすい。

Ⅵ　次の文章で，筆者が説明している，ポケットに手を入れることが生意気に見られる
　　理由として<u>適当でないもの</u>はどれですか。

6

　　ポケットに手を入れるという状態は，腕を休ませてリラックスしている状態である。つ
まり，エネルギーの使用を控えているわけである。したがって，他人の前でポケットに手
を入れているということは，「あなたは，私にとって，エネルギーを使って反応しなけれ
ばならない人ではありません。取るに足らない人です」というメッセージを送っているこ
とになる。

　　親や兄弟など，ごく親しい人に対してはそれでもよいが，上司などの上位者に対してそ
れを行うと，相手の心証を損なうことになる。

　　「上位者＝小さなエネルギー，下位者＝大きなエネルギー」という通常の動作の文法に
従わないからである。むしろ，「小さなエネルギー」を示すことによって，自分が上位者
的に振る舞うことになるわけである。これが，ポケットに手を入れることが，“生意気”
とか“攻撃的”に見られる理由である。

（小林朋道『ヒトはなぜ拍手をするのか』新潮社）

１．ポケットに手を入れることは，相手が親しくない存在であることを示すから
２．ポケットに手を入れることは，相手を見下している振る舞いであるから
３．ポケットに手を入れた姿は，エネルギーを使っていないことを示すから
４．ポケットに手を入れる振る舞いは，自分が上位者だという記号になるから

　感情の研究の先駆者といわれているのは，進化論で有名なダーウィンです。彼は，「感情は進化の長い淘汰の産物であり，ヒトを含む動物は感情に固有の身体反応や生理反応を持つ」と主張しました。

　ダーウィンが主張する身体反応の代表が「表情」です。ダーウィンは，表情は遺伝的にプログラムされたもので，ヒトに共通するものと考えました。

　その後，アメリカの心理学者ポール・エクマンは，怒り，嫌悪，幸せ，悲しみなどの感情に対応する表情が，異なった文化を持つ人同士でも相互認識が可能なことを発見しました。これをわかりやすく説明すると，感情によって生じる表情は，人種や文化が違っても似通っているということです。

　表情だけではなく，感情はそれに応じた行動を生み出すことでも知られています。たとえば，怒りは攻撃行動を喚起しますし，恐怖は逃避行動を起こすきっかけとなります。

（保坂隆『感情を整える技術』KKベストセラーズ）

１．ヒト以外の動物には表情というものがない。
２．ヒトは動物とは異なり，感情と行動とに対応関係がない。
３．ヒトは，行動が感情に先んじ，その後感情が喚び起こされる。
４．感情と表情の対応関係は，ヒトにおいて普遍的なものである。

VIII　次の文章で，筆者は，建築家はどうあらねばならないと言っていますか。　　　8

　建物をつくることは，未来をつくることです。建築物は，一度建てると100年以上は同じ場所に建ち続けることになります。100年残るということは，私たち建築家や地域社会の人たちがどのような意図を持ち，どのような気持ちで建築をつくったのかが100年後の人たちに伝わるということです。

　皆さんも，京都や奈良などに旅行した際，古い建築を見たことがあるでしょう。その建築を通して，平安時代やそれ以前の人々の意図が現代に伝えられているのです。つまり，建築は「時代の思想の伝達装置」と言えます。…（略）…

　民間の建築にしろ，地方自治体にしろ，「今よければいい」と思ってつくると，ときが進めば必ず問題が出てきます。だから建築家は，その建築を利用する人たち，あるいはそこに住む子どもたちが100年後にどうなっているのかを考えて公共建築をつくり，マンションをつくらなければならないのです。

（山本理顕「建築をつくることは未来をつくることである」『未来コンパス』水曜社）

１．明確な思想を持ち，それを建築によって体現しなければならない。

２．未来の利用者のことも考慮に入れて，建物を作らなければならない。

３．100年後にも残るような堅固な建物を作らなければならない。

４．現在の利用者や住民の利便性を第一に考えて，建築しなければならない。

IX 次の文章で，筆者は，「いい仕事をする人」の特徴は何だと述べていますか。 <u>9</u>

　かなり前，職人は「仕事は盗んで覚えるものだ」といっていたと伝わっている。私も若いころ，その話に近いことをいう職人たちと働いたことがある。

　しかし私は，そう豪語する人に限ってさほどの技量を持っていないと思っていた。いい仕事をする人は，仕事を覚え始める人には親切に基本を教えていたし，少しは仕事ができる人に対しても，その人にとって初めての仕事ならば，やはり道具や機械の扱い方，手順などを分かりやすく話すという光景に出合っている。

　どうしてそうするかといえば，いい仕事をする人ほど，その仕事の一番大切なところは教わって覚えられるものではないと分かっていて，だからこそ，その最後のところを早く分かってもらえるように，教えられる基本の部分は教えようと考えるのだと思われる。また，自分の仕事能力に自信があるから，教えることを惜しまない。力がない人ほど，教えようにも何を教えたらいいかが分からず，教える方法を知らない。また，教えると自分の競争相手を作ることになると考えて，教えることを止めてしまう。「そんな」と思うかもしれないが，結構そのタイプの人がいた。いまも，いる。

（森清『働くって何だ』岩波書店）

１．仕事内容のすべてを徹底して教え込む。
２．自分の技量を上げることに専心している。
３．新人に対して丁寧に仕事の基本を教える。
４．仕事は盗んで覚えさせようとする。

X　次の文章の（　A　）に入るものとして，最も適当なものはどれですか。　　　

　地球規模での気候変動は，もちろん植物にとっても影響が甚大です。植物の花や葉のもとになる芽（花芽・葉芽）の*休眠も，大きな影響を受ける現象の一つです。

　休眠には，温度や日長などの変化によって誘導される自発休眠（自然休眠）と，自発休眠から覚めても発芽，生育に適さない環境条件が続く場合に起きる強制休眠があります。

　自発休眠は，アブシシン酸が葉でつくられ，それが芽へ移行するために起こると考えられています。この自発休眠を人為的に早く終わらせ，条件が整えばただちに芽を出させるようにする方法の一つが，低温にさらすこと（低温処理）です。

　低温処理によって自発休眠が破られる（休眠打破）かどうか，どの程度の低温（温度，あるいは時間）が必要かは，植物ごとに決まっていますが，多くの場合，7℃程度がもっとも効果があるようです。したがって，温暖化によって冬の気温がこの温度帯まで低下しなければ，（　A　），おいしい果物や野菜が食べられなくなる可能性がおおいにあります。

（日本植物生理学会編『これでナットク！植物の謎』講談社）

　＊休眠：活動が一時的に休止すること。時期

１．自発休眠が続いて開花が早くなり
２．休眠打破が遅れて開花がずれこみ
３．自発休眠の開始が遅れて開花がずれこみ
４．自発休眠が早く終わって開花がずれこみ

XI　次の文章を読んで後の問いに答えなさい。

　現代は科学の時代である。科学的法則が明らかになった時代に，素朴に呪術を信じるこ
とは難しい。神様の奇跡を信じることも，世界の出来事の中に神様の意図を読み取ること
も，次第に困難になってきている。今日でも，創世記に神が六日間で世界を造ったと書い
てあるから，進化論はウソだと頑張る人がいるが（とくにアメリカで），結局のところ，
彼らの主張も年とともに次第に留保のたくさんついた言い訳じみたものになりつつある。
　しかし，世の中から宗教色が後退したのは，必ずしも科学の発展によるものではない。
いきさつはもっと複雑だ。
　まず，何といっても，諸宗教のありようが具体的に比較できるようになったということ
がある。これは人類学者，社会学者，歴史学者，そして宗教学者の功績である。そして交
通機関やメディアの発達のおかげである。昔のクリスチャンが仏教徒のことを，人生は迷
妄だなどというわけのわからん教えを信じながら千本も手のある偶像を拝んでいる悪魔教
徒だと考えていたとしてもしょうがなかったかもしれない。しかし，キリストを信じてい
なくても大震災に際して公正に振る舞っている日本人の姿がインターネットを通じて世界
中に配信される時代において，そんな手前勝手な信念を保持することは不可能だ。こうし
て自己の信念が（　A　）されていくと，やはり昔の人のようには，素朴に自らの伝統に
思い入れることはできなくなるだろう。

（中村圭志『教養としての宗教入門』中央公論新社）

問1　（　Ａ　）に入るものとして，最も適当なものはどれですか。　　　　11

1．宗教化
2．一般化
3．相対化
4．具体化

問2　現代において，宗教の力が弱まっている理由として，適当でないものはどれですか。
　　　12

1．世界を科学的に説明することのできる宗教しか生き残ることができなかったから
2．宗教に関する研究が進み，異教のありさまを知ることができるようになったから
3．世界の出来事を科学で説明することができるようになったから
4．地球が狭くなり，異教の人々の現実の姿を見ることができるようになったから

XII　次の文章を読んで後の問いに答えなさい。

　私も講義でよく話すが，たとえば家で下宿人のようにふるまえという作業がある。出された料理をほめあげ，ご飯のおかわりをするときも「すみませんが，もう一杯いただいていいでしょうか」と低姿勢で茶碗を差しだすといったふるまいをわざとするのだ。

　母親は普段と違う子どもの様子に驚き，どこか具合でも悪いのかと心配する。学生が大学で出された課題だと説明すると，母親は「なんとくだらないことをやらせるんだね。そんなことをさせるために大学にやってるんじゃないよ。さっさと食べなさい」と返す。そうして，ほんのわずかな間攪乱された食卓の「日常」が一気に回復し，家族の「あたりまえ」が維持されていく。

　…（略）…普段の食卓での学生自身の語りやふるまい，きょうだいや母親，父親などのふるまい——意識せずとも存在する「あたりまえ」の場面の「秩序」は，そこに関与する人びとの発話やふるまいなどを適切に意味づけていく微細だが確かな「方法」的実践によって，つねにつくりあげられているのである。

　そして，なぜそこで，他でもないこの人が，そのように語り，ふるまうのかが気にならず問われなくなるほど，「あたりまえ」は強固になっていく。強固になった「あたりまえ」は，つねに反復されていることが気づかれないほどに安定し，執拗な現実として私たちの「日常」を構成していくのである。

（好井裕明『違和感から始まる社会学』光文社　を参考に作成）

問1　下線部「家で下宿人のようにふるまえという作業」とありますが，この作業によって，どういうことが分かると筆者は言っていますか。　13

1．「日常」は，強固な「あたりまえ」から成り立っていること
2．「日常」がかき乱されることを母親はたいへん嫌うこと
3．「日常」の「秩序」は，それぞれの家族ごとに異なること
4．「あたりまえ」は，撹乱から回復された後さらに強固になること

問2　この文章の内容と合っているものはどれですか。　14

1．日常の秩序を構成する決まりは，意識的に作り上げられたものである。
2．日常の秩序は，構成員の不断の努力によって維持される。
3．日常の中に異質な存在が入り込んできたとき，日常は撹乱される。
4．適切な意味づけから逸脱した行為は，構成員に違和感を生じさせる。

XIII　次の文章を読んで後の問いに答えなさい。

　現代人が，過去の人類とはくらべものにならないくらい豊かで快適な生活を送ることができるのは，高度に発達した科学技術がもたらす巨大な生産力のおかげである。その科学技術（テクノロジー）は，古代ギリシア人たちが相容れないものと考えていた技術（テクネー）と学問（ロゴス）が，近代になって結合することによって成立した。

　なぜ両者を相容れないと考えていたのかといえば，テクネーは実用をめざす職人の仕事であるのに対し，ロゴスはひたすら知的関心の満足をめざす有閑階級の遊戯だったからである。たしかに物理学，天文学，化学，生物学など，科学の多くは実用の利なんてまったく眼中にない好学の士によって発展を遂げてきた。

　ところが近代になって，それを実用的な技術に応用する試みが始まるやいなや，技術，つまりテクノロジーは猛烈な勢いで発達しはじめ，いまもどんどん加速しながら驀進しつづけている。目先の実益を追い求める技術そのものよりも，むしろ目先の実益に無関心な学問の方がはるかに大きな実益をもたらしたという，まさしく「（　Ａ　）」の逆説である。

　テクノロジーのベースになっている種々の自然科学では，ほとんど例外なく数学が駆使されるが，一見何の役にも立ちそうもない，じっさい囲碁や将棋とおなじような知的遊戯として発展してきた数学が，現代の巨大な生産力の中核をなしていることを考えると，「（　Ａ　）」の思いをますます深くするのである。

（森下伸也『逆説思考』光文社）

問1　文章中に二カ所ある（　A　）に入るものとして，最も適当なものはどれですか。
　　　　　　　　　　　　　　　　　　　　　　　　　　　　　　　　　　　15

1．先見の明
2．二兎を追う者は一兎をも得ず
3．ウサギとカメ
4．無用の用

問2　科学，技術およびテクノロジーについて，この文章の内容と合っているものはどれ
　　　ですか。
　　　　　　　　　　　　　　　　　　　　　　　　　　　　　　　　　　　16

1．自然科学の理論的な進歩が，テクノロジーの発展をもたらした。
2．近代以前は，技術も職人の遊戯としての意味合いが強かった。
3．近代より前の科学者は，技術と科学を別物として考えていた。
4．実用の利を目指すことによって，科学は大いに発展した。

XIV　次の文章を読んで後の問いに答えなさい。

　「大人」が「子ども」に比べて死に近づきつつあるという事実は，幼い子どもは死にや
すいとか，青春期にある一部の人々は死を思いがちだとか，壮健な大人は最も死から遠い
といったこととは矛盾しない。この事実が含む大切な意義は，大人は子どもに比べて，自
己意識のうちに，「やがて死すべき存在としての自分」という観念をより多く含み込んだ
存在だというところにある。
　（　Ａ　），まともな「大人」は，これこれの仕事をしなくてはならないという規律を自
らに課したり，こういう仕事をいついつまでにしようといった企画を自ら立てたりできる
が，いったいどうしてそういうことが可能なのかと考えてみよう。それは，獲得された能
力という概念とはまた別の観点からとらえ直すことができる。
　つまり，そういうことが可能なのは，「死すべき存在としての自分」という自覚の深ま
りによってなのである。というのは，この「生の有限性」の自覚がなかったり浅かったり
すると，自分の一生のイメージをあらかじめ一定のところまで思い描くことができず，そ
うなると，仕事の節目や広がり具合や見通しを設定することもできなくなるからである。

（小浜逸郎『正しい大人化計画』筑摩書房　を参考に作成）

問1　（　A　）に入るものとして，最も適当なものはどれですか。　　　　　17

1．それゆえ
2．たとえば
3．けれども
4．すなわち

問2　大人が自らの仕事に関して規律を立てたり，期限を定めたりすることができるのは
　　　なぜですか。　　　　　　　　　　　　　　　　　　　　　　　　　　　　　18

1．大人はさまざまな経験を積んできているから
2．大人は仕事を始める前からその全体像を描けるから
3．大人は生に限りがあることを自覚しているから
4．大人は死への覚悟によって精神が鍛えられているから

XV　次の文章を読んで後の問いに答えなさい。

　学問は誰にでもできます。不思議に思ったこと，疑問に思ったことを問い学ぶのが学問
です。では誰に学ぶのかというと，自らに問うのです。問うということは調べることです。
調べるということが学ぶことになるのです。受身ではなく，能動態でなくてはならない。
そして，ひとたび結論が出れば学問することが面白くなる，そのプロセスを楽しむことに
また学問があるのです。
　そんな学問の面白さを知っている人が，まだまだ少ないんです。世の中は漫然と動いて
いるようでいて，実は一定の方向性がある。たとえば，かき集めた事実の中から＊アトラ
ンダムにデータをすくい上げたとき，そこに一つの理論が成り立つかどうか——統計学な
どはそのためにあるわけですが——そのようなことを考えながら生きていれば，日常のす
べては十分に学問になります。
　…（略）…
　小学生のとき，ウチの近くのそれぞれの街単位で，商店の分布を調べたことがあるんで
す。そして，もっと興味が湧いてきたので，今度は，バスを利用する人々のうち，どのく
らいの人が買物に来るのだろうと，バス停ごとに統計をとってみたんです。その結果を先
生に見せると，褒めてもらえるどころか，ただただ驚かれて，「こんなことは普通はしな
いよ」といわれてしまったんです。でも，これも立派な学問なんですね。誰かが教えてく
れたわけではなかったけれど，学問に＊＊フィールドワークからのアプローチをしていた
わけなんです。

（吉村作治「序」

VALIS DEUX『学問のしくみ事典』日本実業出版社　を参考に作成）

＊アトランダム：無作為に。任意に
＊＊フィールドワーク：実際に現地におもむいて行う研究

問1　筆者は，日常が学問になるためには，どうする必要があると言っていますか。

19

1．普段の生活の中で，常にデータをとるようにする。
2．学校だけでなく日常生活でも学びを怠らない。
3．日常的な事実から，理論が導き出せるか考える。
4．既に存在しているさまざまな理論を学ぶ。

問2　下線部「これも立派な学問なんですね」とありますが，なぜそのように言えるのですか。

20

1．先生に驚きを与えたから
2．自ら問い，調べたものだったから
3．きちんと法則化がなされていたから
4．統計学の手法を用いていたから

XVI　次の文章を読んで後の問いに答えなさい。

　俳句で大ホームランを狙うあまり，*奇を衒った内容で勝負しようとする人がいます。しかし独りよがりな発想では俳句は成立しません。俳句で大発見，大発明をする必要はありません。むしろ「再発見」です。誰しもの日常に存在するのに，気づかずに通り過ぎていたもの。見ていたはずなのに，見逃してしまっていたものなどです。そんな小さな「あっ」という再発見を言葉に結実させるのです。そのような句は読んだ人に「ああ，これは自分も見たことがある。なんとなく感じたことがあるけれど，このような一句にはならなかったなあ……」と共感させ，感動させるのです。良い句に出会うと思わず膝を打ちたくなります。「そうそう！　これだよ！　やられたなー……」

　しかしそうは言っても，再発見したものを言葉に表現するのは大変です。胸のあたりではもやもやしているのに，なかなかこれだ！　という言葉にならない。それが俳句の難しさであり，楽しさでもあります。思いや感動が言葉にならないもどかしさ……俳句を嗜んでいる人なら誰でも経験しているはずです。これを克服するには，ともかく俳句を作るしかありません。良い句集を読むことも必要でしょう。ともかく俳句の畑を日常的に耕し続け，土をほこほこにしておきます。虚子が「何でもいいから一七字を並べてごらんなさい」と言ったのも，そういうことだっただろうと思います。

（黛まどか他『俳句脳』角川書店）

　*奇を衒った：わざと普通と異なる振る舞いをするさま

問1　俳句作りで目指すべきことは何だと筆者は言っていますか。　　　21

1．日常を捉え直すような発見をすること
2．誰も思いつかないような題材を見付けること
3．誰にとっても分かりやすい表現を用いること
4．周囲に流されず独自の世界観を持つこと

問2　下線部「そういうこと」の具体的な内容として，最も適当なものはどれですか。
　　　22

1．人の句集を読むよりも，自分で作ることの方が大事だ。
2．俳句を作り続けていれば，自ずと再発見する能力が高まる。
3．言いたいことが表現できない苦しみは，誰もが味わうことだ。
4．言葉の力を上げるには，日々俳句に触れ続けることが必要だ。

XVII　次の文章を読んで後の問いに答えなさい。

　共同脳空間とは，その場に集うメンバーが，自他の利害・立場や面子を超えて，あたか
も(1)ネットワークされた多脳体として機能する思考空間を言う。
　…（略）…

　何かを発想する，何かを生み出すという目的を人と人とが共有するとき，人は互いの発
想力を生かし，力を合わせ何かを生み出そうと考える。相手を攻めたり陥（おとし）れても何の得
もない。誰かの口からアイデアが出なければ，全員の失敗なのだから。逆に誰かの口から
いいアイデアが出れば，それは全員の達成・成功なのだから。(2)そのとき，思考の協業が
期待される前提が成立する。

　「ネットワークされた多脳体」であるとは，他の人の思考を自分とは違う思考と認めな
がら，あたかも自分の潜在的に可能な思考として受け入れ，「思考の拡張」を行っていく
ことである。ひとりだけでの思考は，その人の思考の癖や限られた経験量から，ともすれ
ば閉ざされた思考・狭い思考になりがちである。思考を広げ新しい可能性を切り拓（ひら）くため
には，「聞く力」が大切である。人の意見に耳を傾け，想像力を使ってイメージをつくり，
それをしっかり心の目で見つめること，そして自分の思考と掛け算をして新しい思考を生
み出していくこと。それが「ネットワークされた多脳体」＝共同脳空間である。

　人の言葉と自分のイメージを掛け算するには，「聞く力」に加え「創造的誤読」も有用
である。相手の言っていることを正確に理解し，なぞったところで仕方がない。相手の言っ
ていることを半分聞いて，半分勝手にイメージを広げていく（広がってしまうと言うほう
が正確だが……）ことが大切だ。これは日本の*連歌的なやりとりに似ているので，「連
歌的発想法」と言ってもよいだろう。前の句の景色や舞台を受けつつ（否定はしない），
句をつけることで違う景色や舞台に読み換えていく知的操作である。ただ共同脳空間が，
連歌と大きく異なるのは，そのプロセスを楽しむのではなく，最終的に突き抜けたアイデ
アを生み出すことを目的にしている点である。

　共同脳空間とは，別に特別なことではない。一緒になって何かを生み出そうと考えると
きに有効となる思考とコミュニケーションの作法によって生み出される場である。それは，
人と人とが，互いに，互いの経験と思考を我がものとし合い刺激し合い，互いの思考を拡
張していく空間であり，相手の思考を互いに（　　A　　）知的空間なのである。

（博報堂研究開発局『気づく仕事』集英社）

　*連歌：「五・七・五」の句と「七・七」の句を一人ずつ詠み合い，繋げていく詩歌の
　　形態

問1　下線部(1)「ネットワークされた多脳体」において人は，どのようなことを行っているのですか。 23

1．人の意見に耳を傾け，いろいろな考え方があることを学ぶ。
2．自分の意見と他人の意見の優劣を話し合いの中で競い合う。
3．互いの思考を受け入れつつ刺激し合い，新たな思考を生み出す。
4．他者の意見に触れることで，今までの自分の狭い思考を反省する。

問2　下線部(2)「そのとき」が指している内容はどれですか。 24

1．何かを生み出そうとする目的を人々が共有したとき
2．よいアイデアを皆で共有できたとき
3．議論のために人々が集まったとき
4．人々の間で意見の反目が生じたとき

問3　（　Ａ　）に入るものとして，最も適当なものはどれですか。 25

1．理解していく
2．共有していく
3．読み換えていく
4．楽しんでいく

第 ⑦ 回　模擬試験

解答時間：70分

7

記述問題は，二つのテーマのうち，<u>どちらか一つを選んで</u>，記述の解答用紙に書いてください（解答用紙には，テーマの番号を書く必要はありません）。

　　文章は横書きで書いてください。

　　解答用紙の裏（何も印刷されていない面）には，何も書かないでください。

　　読解問題は，問題冊子に書かれていることを読んで答えてください。

　　選択肢１，２，３，４の中から答えを一つだけ選び，読解の解答欄にマークしてください。

記述問題

　以下の二つのテーマのうち，どちらか一つを選んで 400〜500字程度で書いてください（句読点を含む）。

① 　海外に留学する際，一つの国で長期間学んだ方がよいという考え方と，各期間は短くとも多くの国で学んだ方がよいという考え方があります。

　　望ましい海外留学とはどのようなものだと思いますか。上の二つの考えに触れながら，あなたの考えを述べなさい。

② 　世界には，選挙の投票を義務化し，投票しなかった人には罰金を科すという，義務投票制を採っている国があり，そのような国は一般的に投票率が高い傾向にあります。

　　望ましい選挙制度とはどのようなものだと思いますか。義務投票制という考え方に触れながら，あなたの考えを述べなさい。

読解問題

I　次の文章は，大学の授業シラバスです。内容と合っているものはどれですか。　　$\boxed{1}$

日本文学表現論概説 II

開 講 期 間：後期

曜日・時限：火・3 時限

担　　　　当：渡辺弘

授 業 テ ー マ：日本近現代文学における表現について学ぶ

授 業 内 容：日本近現代の文学者たちが作り上げた文学表現の仕組みについて，実例
　　　　　　を挙げながら概説する。主に小説を扱うが，短詩系文学についても 1 回
　　　　　　を割く予定である。

受 講 条 件：特になし

　　　　　　※文学部国文学科所属の学生は，日本文学表現論概説 I・II の単位を取
　　　　　　　得することが卒業には必要であるが，受講の順序は問わない。

評 価 方 法：①定期試験　5 割
　　　　　　授業内容の確認。
　　　　　　②レポート課題　5 割
　　　　　　好きな作品を一つ選び，その表現の仕組みについて論じる。詳細は授業で。

備考

・授業で取り扱う作品は各回の授業の最後にお知らせします。なるべく次回の授業の
　前までに読んでおいてください。なお，初回は芥川龍之介の『羅生門』を取り上げ
　ます。

1．授業で扱う作品は，初回授業の最後にすべて発表される。

2．授業では，日本近現代の小説作品しか取り上げられない。

3．日本文学表現論概説 II の後に同 I を受講しても構わない。

4．定期試験では，自分で作品の表現について論じることが求められる。

Ⅱ 次の文章で，筆者が最も言いたいことはどれですか。　　　　　　　　2

　僕は，親から何度言われても机を片づけられない子供だった。いまでも机の上はグチャグチャで，まったく整理ができない。自分の部屋も仕事場もいつもとっちらかっている。

　几帳面な性格の持ち主から見ればただのだらしない人間だし，「整理整頓ができない人間は何をやってもダメ」といった話まで聞く。…（略）…

　しかし，僕は整理などしなくていいと思っている。なぜなら，きちんと整理してしまうと，「アイデアの化学反応」が生まれなくなるからだ。

　新しいアイデアは既存のアイデアの組み合わせにすぎない，とはよく言われることだが，僕は本当にその通りだと思っている。…（略）…

　整理整頓はアイデアの敵だ。

　どうしても種類別や時系列・優先順位順に整理してしまうため（そもそも整理とはそういうもの），無秩序な書籍の山から一見，無関係な資料同士の意外なつながり，つまりアイデアを発見したりするようなことは起こりづらくなる。

（山田玲司『非属の才能』光文社）

１．机の上が乱雑なままではいいアイデアは思いつかない。
２．独創的なアイデアはアイデアの組み合わせで生まれる。
３．几帳面よりもだらしない人の方が独創的である。
４．整理整頓は意外なアイデアの発見を妨げる。

III 次の文章で，筆者は，免疫機能の欠点は何だと言ってますか。

　体内に侵入してきた異物は，細菌のものなのか，ウイルスのものなのか，細菌であれば
どのようなタイプなのか，といったことが細かく認識され，「すみやかに体内から排除さ
れるべき」と判断された場合には，さまざまな免疫反応が起きはじめる。このような免疫
が機能しなければ，その個体は死を迎える事態に陥る。

　ただし，免疫系が常に活性化状態にあればよいかというと，そうではない。とくにヒト
では，“排除すべき異物”と認識されなくてもよい物質に対してまで，過剰な免疫反応が
起きる「アレルギー」が深刻な問題になっている。花粉症の原因の一つである「スギ花粉」
は，その典型的な例である。ほかにも，ダニの死骸，ハチの毒，大気中の微粒子，ラテッ
クスゴム，卵，小麦粉，そばなど，実にさまざまな物質がアレルギーの原因になることが
知られており，アトピー性皮膚炎やぜんそく，じんましんといった不快な症状を引き起こ
す。

（西村尚子『知っているようで知らない免疫の話』技術評論社）

1．体内に入った異物の種類を認識することができない。
2．免疫が機能しないと，死に至ることがある。
3．体内に侵入してきた細菌を有害物質に変えてしまう。
4．免疫が過剰に機能することによりアレルギーが起こる。

Ⅳ　次の文章の内容と合っているものはどれですか。　　　　　　　　4

　燃え尽き症候群（バーンアウト）は，看護師などのヒューマンケアを仕事とする人に典型的に見られる状態である。非常に熱心に仕事に取り組み，献身的に働いていた人が，急にがんばることができなくなる現象である。

　具体的にいうと，結構がんばってきたのだけれど，いまは何もする気にならない状態になる。疲労感と，すべてを使いきってしまったという消耗感がその中心である。結果として，見かけ上，同じように仕事を続けようとすると，相手を人間的に扱うのが難しくなる。つまり，それまでのような人間的な交流をしようとすることが苦痛をもたらすので，交流を避けて表面的に対応することになる。

　人間関係は非常にポジティブな*フィードバックをもたらすので，人間は，その関係を豊かにするための働きかけを熱心にする。しかし一方で，人間関係はネガティブなフィードバックをもたらすこともあり，それは働きかけを強力に阻止する要因でもある。バーンアウトは人間関係へのあきらめの認知でもある。

（島井哲志『「やめられない」心理学』集英社）

　*フィードバック：働きかけに対する反応。見返り

1．人付き合いが得意な人ほど，バーンアウトになりやすい。
2．バーンアウトになった人は，人との深い交流を避けようとする。
3．人間関係を一切断てば，バーンアウトから抜け出すことができる。
4．真面目に仕事に取り組んでさえいれば，バーンアウトにはならない。

Ⅴ 次の文章で，筆者は，こどもはことばをどのようにおぼえると言っていますか。 ⬜5

　私たちはこどものときに，どのようにしてことばを身につけたかをおぼえていない。しかしきっと，まずモノの名前をおぼえることからはじめたにちがいない——少なくともそういう信念を抱いている。だからこそ，自分がこどもをもったとき，あるいは責任をもってこどもを育てねばならない立場におかれたとき，まずこどもにモノの名前をおぼえさせようとするにちがいない。いや，きっと自然にそのようになってしまうだろう。

　そのばあいのおぼえさせ方はどんな方法をとるかと言えば，何か目の前に，現実に見えるものを指さして教える。…（略）…

　この指さすということ——よりくわしく言えば，指さした指の先と，その指のさした方向の先にあるモノとを，いわば目に見えない点線で，結びつけるという能力が，いかに高度な精神活動であるかは，たとえば，イヌやネコのばあいと比較してみるとよくわかる。イヌやネコに，「ほら！　あそこにエサがあるよ」と言って，50センチ先のエサを指さして見せても，50センチ先は見ないで指だけを見ているという経験は多くの人がして知っているだろう。

　だからモノの名をおぼえる作業は，指さして実際に見えるモノからはじめるのであって，かくれて見えないモノや，はじめから全く見えないこと，すなわち，「愛」だの「友情」だの——日本語ではたいてい漢字で書かれる——からはじめる人はいない。

（田中克彦『名前と人間』岩波書店　を参考に作成）

１．親が話すことばを聞き，それを自分も話すということを繰り返しておぼえる。
２．現実に見えるモノと，それを表すことばとを対応させておぼえる。
３．文字の連なりを見ながら，それが意味するモノを一つずつおぼえる。
４．実際に指させるモノと，指せないモノを結び付けながらおぼえる。

VI 次の文章で，筆者は，人の音楽が不自由なのはなぜだと言っていますか。 6

　音楽は不自由だ。

　絵画ではどんな色でも使えるのに，音楽が使う音の高さは，ドレミ……と不連続にデジタル化されている。ちなみに，「デジタル」はもともとは計算機用語ではない。辞書によればその意味は，連続量を段階的に区切って数字で表すことである。音楽ではドレミ……を数値の代わりに区切りのために使っているのだ。もっともドレミ……は西洋音楽（現在この世界で優勢な音楽）のデジタル化の単位に過ぎない。しかし西洋音楽でない音楽にも，その音楽に固有のデジタル化がある。これに対し，イルカ等はサイレンのように連続的に音高を上下させて意思を疎通させているという。小鳥のさえずりの音高の変化も連続的である。

　この意味で，人の音楽はデジタルだ。

（小方厚『音律と音階の科学』講談社）

1．動物とは異なり音で意思疎通が図れないから
2．音の高さの単位が統一されていないから
3．非連続的な音を材料とするしかないから
4．絵画と異なり自由な解釈が許されないから

VII 次の文章で，筆者は，観光地の人々にとっての観光の意義は何だと言っていますか。

　18世紀，イギリスの貴族階級の間では，「グランド・ツアー」（grand tour）と称して，フランスやイタリアを長期にわたって旅行することが教養を身に付ける手段とされたが，他国を観光することは大きな教育効果を持つ。同時に，観光者を受け入れることによって観光者のまなざしを意識することも，貴重な自己理解の機会となり，ひいては相互理解の増進に資することになる。個人の場合，自分がどういう人間であるかは，他人が自分のことをどう見るかを知ることによって初めてわかる。地域の場合でも，多数の観光者を受け入れ，さまざまな賞賛や批判の声を聞くことによって初めて自分の地域のことがわかる。賞賛の声を聞けば，賞賛された部分についてますます磨きを掛けようと考える。批判された部分については，改善しなければと反省する。

（岡本伸之編『観光学入門』有斐閣）

1．自らの地域に対する認識が深まる。
2．人の流れが増え経済活動が活発になる。
3．教養を身に付けることができる。
4．いろいろな出自の人たちと出会える。

VIII　次の文章の（　Ａ　）に入るものとして適当なものはどれですか。

　中学校における理科の教科の内容は，高等学校での理科の内容咀嚼（そしゃく）に必要な基礎を築くことが主眼になって構成されている。現代の中等教育の理科の教師には，自分たちは「理科嫌い」を造っている，という嘆きを洩（も）らす人が多い。実際，中学校に入学したときに，自分は理科が死ぬほど嫌い，という生徒は先（ま）ずいまい。しかし三年間の中学における理科教育の結果，生徒の四割ほどが，「理科嫌い」になって卒業していく。そうならなかった生徒のまたもや四割程度が，高等学校で「理科嫌い」になる，とも言われている。つまり理科を「教育」することで，結局は「理科嫌い」を造り出していることになる。

　しかし，これはある意味では，（　Ａ　）とも言えるのである。現代の科学研究に，すべての生徒たちが適性を持っている，などという馬鹿げたことはそもそもあり得ない。したがって，中学生の間から，現代科学の理解に適性を持つものを選び出し，そうでないものを篩（ふる）い落とす，そして高等学校でもまた同じことが繰り返されている。…（略）…少なくとも，理科教育が，現代の科学研究の準備であり，現代の科学研究を支える予備軍を造り出すことにその目的を限定する限りでは，この「理科教育」は成功しているのである。

（村上陽一郎『文化としての科学／技術』岩波書店　を参考に作成）

1．あまりに皮肉な結果
2．とても科学的な教育方法
3．見事な選別の仕組み
4．ひどく無意味なシステム

IX 次の文章で述べられているお辞儀の説明として，**適当でないもの**はどれですか。

9

　外国人はよく日本人を評して礼儀正しい民族であると言う。日本人が礼儀正しいのは，礼節を重んじる儒教の影響も大きい。しかし，その根底には祭りなどを通して神との付き合いの中で培われた日本人固有の礼儀作法がある。

　… （略）…

　世界中にさまざまな挨拶(あいさつ)の仕方があるが，深々と頭を下げるのは日本人特有の作法といって良いだろう。おそらく明治のはじめに日本に来て，日本人がお辞儀をする光景を見た外国人が，日本人は礼儀正しいと評価したのだろう。

　ともあれ，日本人はよくお辞儀をする。そのお辞儀の原点は神への畏敬(いけい)の念にあると言うことができるだろう。そして，日本人にとっての神とは共同体の遠い祖先で，いま生きているものの中でその祖先（神）にいちばん近いのは年長者である。だから，ムラの長老などに神の姿を見，彼らを敬って神に准(じゅん)ずる最高の仕方で挨拶をした。それが，お辞儀という挨拶の独特の作法を生み出したのではないか。

（瓜生中『知っておきたい日本人のアイデンティティ』角川学芸出版）

1．お辞儀する姿は，外国人には礼儀正しく見える。
2．深々と頭を下げるお辞儀をするのは日本人だけである。
3．神や長老に対して頭を下げる行為が，お辞儀として習慣化した。
4．お辞儀は，外国人に対するもてなしの心の表れである。

X　次の文章の内容と合っているものはどれですか。　　　　　　　　　　10

　どの生き物の世界でも，社会を安定して成り立たせるにはルールが必要です。ミツバチの場合，女王バチは一つの群れに１匹が原則。それが崩れたとき，社会は変わらざるを得なくなります。

　ミツバチは一つの巣に２匹以上の女王は暮らせないことになっていて，新しい女王が誕生すると，古い女王は半分ほどの働きバチを連れて外に出ていってしまいます。これを「分蜂」というのですが，新しい女王が偶然生まれるのではなく，古い女王は意図的にそうするようです。群れの規模が大きくなると，新しい女王を作り，分蜂すれば，全体として個体数を増やすことができます。また，新女王の誕生は１匹だけではなく，数匹の女王候補が生まれてしまうことがあります。そのときは，新女王同士が殺し合いをして，勝ったものが，巣に残るわけです。自ら望んで女王に生まれたわけではありませんが，王座を守るのも命がけです。

（海野和男『昆虫たちの世渡り術』河出書房新社）

　１．ミツバチは分蜂によって社会の安定を図っている。
　２．新しい女王は古い女王を巣から追い出す。
　３．争いに敗れた新女王候補は巣から出て行く。
　４．分蜂しなければもっと全体の個体数は増える。

XI　次の文章を読んで後の問いに答えなさい。

　市場調査をして，その結果をまとめようとしたけれども，仮説と大幅に違っていた。しかし，見聞きした通りに報告書をまとめるほどの時間的余裕はない。さぁ，困った。ここは，立てた仮説を少しアレンジして，報告書を作成しようか。

　こんな“悪魔の誘い”を受けたことのあるビジネスパーソンも，少なからずいるのではないでしょうか。

　では，下調べをして仮説を立てることは無駄なのでしょうか？

　いいえ，仮説を立てたことは決して無駄にはなりません。むしろ非常に有効に働きます。土台があるからです。

　何もない白紙の状態から調査をして，文書をまとめるのは，文字通りゼロから積み上げるわけですから，大変な手間と時間がかかります。

　しかし，仮説を立てて現場に臨めば，たとえ仮説とは状況が大きく異なっていたとしても，土台があるので，軌道修正をすれば，対応は比較的容易にできるのです。

　つまり，白紙の状態で調査を開始するよりも，（　A　）といえます。

　それにそもそも，仮説を立てて現地に臨んで，その仮説とは違った，あるいは上回る事実や情報が仕入れられたら，それこそが現地調査に行った甲斐があるというもの。喜ぶべきことです。

（池上彰『伝える力』PHP研究所）

問1　下線部「土台」とありますが，何をするための土台ですか。　　　　　　11

1．現地調査をするための土台
2．調査結果をまとめるための土台
3．仮説を立てるための土台
4．下調べをするための土台

問2　（　A　）に入るものとして，最も適当なものはどれですか。　　　　　12

1．新発見を得やすい
2．仮説をアレンジしやすい
3．効率はずっとよい
4．より正確な結論になる

XII　次の文章を読んで後の問いに答えなさい。

　名参謀，名司令官と言われる人たちの性格なり生活ぶりには共通項がある。みな内省的で，若い頃は文学青年だった。（　A　），想像力が非常に豊かで，自分の現在の生活から，時間的・空間的隔たりを超えて自由に飛び出せる人であった。

　（　B　），ナポレオンはまだ貧乏士官にすぎない時代から，自分がヨーロッパを支配した状況が頭に描ける人間だったし，あるいはプロイセン王国の陸軍参謀総長を務めたモルトケにしても，頭の中の地図にドイツの鉄道網を描けるほど想像力は豊かだった。

　…（略）…

　彼らは，内省的な性格だったから自分の頭の中が見え，明確な像を描くことができた。そして像ができれば必要な情報は自然にひっかかってくる。「情報力」とは，そうしたものではあるまいか。

　たとえば，読書家が必ずしも名著を書けるとは限らない。朝から晩まで本を読んでいて，しかも記憶力が抜群で知識は実に豊富だけれども，そういう人が書いた本はつまらない場合が多い。像──ビジョン──が明確でないから，その知識が当人のものになっていないのである。逆に言えば，そうした人は知識なり情報が多すぎるゆえにそれに振り回されてしまい，明確な像が描けないのではないだろうか。

（渡部昇一『人を動かす力』PHP研究所　を参考に作成）

問1　（　Ａ　）（　Ｂ　）に入るものの組み合わせとして，正しいものはどれですか。

13

1．Ａ　なぜなら　　　Ｂ　それゆえ
2．Ａ　だから　　　　Ｂ　しかし
3．Ａ　けれど　　　　Ｂ　むしろ
4．Ａ　つまり　　　　Ｂ　たとえば

問2　この文章の内容と合っているものはどれですか。

14

1．読書家は明確な像を描くことができない。
2．多過ぎる知識や情報はときに想像力の発露を妨げる。
3．自分が得た情報を元に明確な像を描ける力が情報力だ。
4．ナポレオンはその優秀な記憶力で名司令官にまでなった。

XIII　次の文章を読んで後の問いに答えなさい。

　昔話は，固有名詞がないことによって，誰にとっても，等距離にある話になっていると
いうことができます。特定の人たちに親しみをもたれたり，逆に，親しみをもたれなかっ
たりするかわりに，誰もが等距離で楽しめる話になっているというわけです。しかし，そ
のためには，固有名詞に頼らないかわりに，話の筋だけで人々に興味をもってもらわない
といけません。話の筋がシンプルでわかりやすく，誰もがなるほどと思うような展開がな
くてはなりません。また，登場人物も，誰もがイメージしやすい人物が求められることに
なります。ですので，お爺さんやお婆さん，若者や娘，猿や犬などの動物，その他，決まっ
た顔ぶれが登場して，型にはまった動きをして，パターン化されたストーリーを展開する
ことになります。

　つまり，昔話は，人物（動植物や神仏，妖怪等，人間以外の存在も含む）の類型を非常
に単純化したかたちで表現しており，それらの登場人物の行動を通じて，人間の生活や人
生，願望などを一般化したところでうまく捉えて表現しているということができます。そ
の意味で，昔話は，時代や場所を超えてあてはまる非常に普遍性の高い話ということがで
きます。

（山泰幸『だれが幸運をつかむのか』筑摩書房）

問1　下線部「誰にとっても，等距離にある」とは，ここではどのような意味ですか。

15

1．誰にも思い当たるところがあるということ
2．誰もが手に取りやすいということ
3．みんなが面白いと思うということ
4．読み手を選ばないということ

問2　昔話の構造はどのようになっていると，筆者は述べていますか。

16

1．個性的な登場人物たちのそれぞれの生きる姿がリアルに描写されている。
2．決まった登場人物が，類型的な筋に従って行動する様が描かれている。
3．固有名詞を持つ者と持たない者との交流が，パターン化して描かれている。
4．登場人物は類型的だが，各話ごとに固有のストーリーが展開されている。

XIV　次の文章を読んで後の問いに答えなさい。

　自分の能力に関する真実は，知らないほうが平安と希望をより多く保証される。また立場上他人の能力の長期的見通しに関し予言できる人は，(1)自分の言葉に注意したほうがよい。そういう人の発する言葉はときとして暴力になる。人に真実を知らせない優しさが生活上必要な場合があるということは，経験上われわれは誰でもわきまえている。

　人間は他人の未来を奪う権利を誰も持っていない。われわれは明日わが身に何が起こるかを知らないで生きている。知らないがゆえに，明日は生きるに値する。もし未来に関するすべてが分かってしまったら，かりにそれが人も羨む輝かしい未来だとしても，生きるに値しない未来であろう。

　学校の教師は生徒の知的能力から，彼の未来をある程度まで予測できるし，また実際に予測している。教育のなかにはそういう仕事も含まれている。しかし人間の可能性の測り難い部分，不可測性に対しつねに謙虚な教師——思慮深い先生ということだが——は，出来の悪い生徒の能力を一方的に，永遠にきめつけるようなことはしない。生徒のなかから突然未知の能力が発現する可能性はつねにある。現代の教育の不幸は，このような計量不可能な人間の可能性に門戸を開いておく余裕を失っていることだ。「偏差値」という科学的数字は，あなたの未来は分かってしまったという宣言である。現代の子供たちを無気力にしている原因の一つは(2)ここにある。

（西尾幹二『人生の価値について』ワック　を参考に作成）

問1　下線部(1)「自分の言葉に注意したほうがよい」とありますが，それはなぜですか。

17

1．人は自分の限界が分かっていたとしても，それを他人から言われるのを好まないから

2．能力に関する真実を知らせることは，その人から未来への希望を奪うことになるから

3．将来を予言されると，実際その予言通りに生きようとする傾向が人にはあるから

4．本当はよく分からないにもかかわらず，無責任なことを言うのは相手に失礼だから

問2　下線部(2)「ここ」は，何を意味していますか。

18

1．最近では，生徒思いな教師が減ってきていること

2．偏差値によって子供の未来の可能性が限定されてしまうこと

3．教師が子供の可能性に見切りを付けてしまうこと

4．偏差値が子供の学力を測る基準として機能していないこと

XV　次の文章を読んで後の問いに答えなさい。

　21世紀になって，日本人も照明についていろいろ考えるようになってきました。つまり，これまでの全体が明るくて，それも白色の光だけからの脱皮です。

　光にこだわりを持つ建築家は「隅々まで明るいというのは照明の要件ではない」と言い，「間接照明でも全体の明るさを確保できるし，太陽に近い光が本能的に精神を落ち着かせる」と言います。

　…（略）…

　欧米の場合，住宅は日本よりはるかに天井が高いのですが，この高い天井は照らすものではないという考えがあるようです。「天井はボーと照らすことで，豊かな空間を生む」という考え方です。

　日本の場合は，低い天井を明るくしています。これは見ようによっては，天井の低さを際立たせているということにもなります。それは部屋に圧迫感を生み出します。

　一方，オフィスですが，建築家の一人は，とくにトイレの照明を重視しています。「ここは仕事に疲れて一人切りになれるところ。この空間の心地よさを演出することが大事」というわけです。ですから，照明は間接照明が基本と言います。また，コーナーを照らすべきともしています。

　つまり，これからの照明は，日本でもようやく（　Ａ　）に変わろうとしているといえます。

　…（略）…

　「照明が家庭の中でも豊かなものになるということは，精神的にも優しい気持ちになるもの。それはひいては日本人全体を今より優しい，心豊かなものにもするだろう」とは，海外生活の長い建築家の意見です。

（高橋俊介監修『照明の科学』日刊工業新聞社　を参考に作成）

問1　この文章はどのような構成で書かれていますか。　　　　　　　　　19

1．欧米と日本の照明を比較し，欧米の方が優れていることを論じている。
2．照明に関するいろいろな建築家の意見を紹介している。
3．欧米と日本を対比した上で，日本の照明の展望について述べている。
4．家庭とオフィスにおける照明の方法の違いを説明している。

問2　（　A　）に入るものとして，最も適当なものはどれですか。　　　20

1．太陽を利用したもの
2．居心地を重視したもの
3．低い天井を活かしたもの
4．欧米並みに明るいもの

XVI　次の文章を読んで後の問いに答えなさい。

　原理的に言って，単独の人間というのは存在しません。人間は集団生活をしています。
どういうことかと言うと，人間は言葉を使うでしょう？　言葉というのは，周りにそれを
使っている人間が大勢いなかったら身につきません。言葉はつねに一人ひとりの人間より
先にあったわけです。その言葉と共同性というのは切っても切れない関係があって，その
関係の中でわれわれは一人ひとり人間になってゆく。だから人間というのは基本的に集合
的存在であって，単独の人間というのは想定できません。
　だから必ず集団があるわけですが，昔の集団の場合は，洋の東西を問わず，個人の独立
といった意識は今ほど重要ではなかったでしょう。とはいってももちろん，体や心は別々
で，生きているのは一人ひとりであって，顔も違えば名前も違う。それぞれ考えることも
違う，区別された個人です。そんなふうに個であるけれども，一人ひとりが当たり前に個
でありうるのは平時，普通の，平穏な時です。
　けれども，ひとたび他の部族と戦だとなると，個は集団の要素になる。何のために戦
うかというと，自分の属する集団を守るためだからです。その時には，あらゆる個の行動
は集団のためのものとして統合される。そうでなければ戦いになりません。平穏な時は一
人ひとりの個であるけれども，そうでない時，つまりそれを「非常時」というわけですが，
その時には磁力がかかったように人びとは一斉に集団に統合されます。

（西谷修『戦争とは何だろうか』筑摩書房）

問1　「集団」についての説明として，正しいものはどれですか。　　21

1．言葉を共有できない者は集団から排除される。
2．集団は常に個を抑圧するものである。
3．外敵からの防衛のために集団は形成される。
4．集団の中で人間は言葉を身に付ける。

問2　下線部「そうでない時」の内容として，適当でないものはどれですか。　　22

1．自らの集団が危機に瀕した時
2．個であることが尊重されている時
3．集団の凝集力を要する時
4．他の部族と戦になった時

XVII　次の文章を読んで後の問いに答えなさい。

　数年前から，「ブラック企業」という言葉が一般化しました。待遇はそれほど良くない
のに極端に働かされたり，制度が整っておらず労働者としての権利を享受できないような
企業を総称して，そう呼んでいます。
　そして，そういう企業で過労死などの問題が起きると，「あの企業はブラックだ！　経
営者は何を考えているんだ！」と一気に世間から非難されます。
　しかし本来，資本主義経済のなかで働くということは，（法律の範囲内で）ギリギリま
で働かされることを意味しています。程度の差はあれ，資本主義経済のなかで生きる企業
は，みんな元来「ブラック」なのです。
　産業革命以後，資本主義が本格的に立ち上がりました。約200年前の話です。そのとき
から企業は，労働者をギリギリまで働かせて利益を生み出しています。これが，200年間
変わらない世界なのです。そういう仕組みでできているのが資本主義なのです。
　わたしは「企業が悪い！　経営者はみんな悪者だ！」と言いたいのではありません。む
しろ「（　Ａ　）」ということをお伝えしたいのです。
　現代の日本では，その資本主義の世界のなかでどう振る舞うかは，各自に委ねられてい
ます。少なくとも法律上は，自分で自由に判断して，自由に行動してかまいません。
　ところが，多くの人は自分の働き方に関してあまりにも考えてきませんでした。そして，
考えてこなかった結果として，資本主義の世界にどっぷり浸かり，完全に資本主義のルー
ルのなかで「搾取」されているのです。
　そう考えると，その企業を「ブラック」にしているのは「あなた自身」なのかもしれま
せん。企業がブラックなのではなく，自分で自分を「ブラックな働き方」に追い込んでい
るのかもしれないのです。
　そこから抜け出すためには，ひとりひとりが自分の頭で考えていくしかありません。
　どうすればブラックな働き方をしなくて済むか？
　資本主義のなかで幸せに暮らすためには，どう働けばいいか？
　考えて行動に移さなければ，引きつづき資本主義の世界で，資本主義のルールにのっとっ
て，半自動的にブラックな働き方を続けることになります。

　　　　　　　（木暮太一『僕たちはいつまでこんな働き方を続けるのか？』星海社　を参考に作成）

問1　資本主義経済において，企業は皆「ブラック企業」だと言える理由は何ですか。

23

1．資本主義社会において，労働者の人権を守る法律はあってないようなものだから

2．資本主義における企業の経営者は皆，労働者の人権を考えていないから

3．資本主義とはそもそも，労働者を働かせ搾取するシステムだから

4．資本主義は，死ぬまで働くということを至上の価値観としているから

問2　（　A　）に入るものとして，最も適当なものはどれですか。

24

1．責任は労働者自身にある

2．資本主義こそが悪い

3．企業は絶対に必要だ

4．労働から逃れるべきだ

問3　この文章で，筆者が最も言いたいことはどれですか。

25

1．資本主義の仕組みについてよく理解すれば，自分の働き方を変えられる。

2．各人が自身の働き方についてよく考えなければ，苦しい現状は変わらない。

3．資本主義社会に生きている以上，ブラックな労働は仕方のないことである。

4．資本主義社会は自由を保障しているので，ブラックな働き方を選ぶのも自由だ。

第 **8** 回　**模擬試験**

解答時間：70分

8

記述問題は，二つのテーマのうち，**どちらか一つを選んで**，記述の解答用紙に書いてください（解答用紙には，テーマの番号を書く必要はありません）。

　　文章は横書きで書いてください。

　　解答用紙の裏（何も印刷されていない面）には，何も書かないでください。

　　読解問題は，問題冊子に書かれていることを読んで答えてください。

　　選択肢1，2，3，4の中から答えを一つだけ選び，読解の解答欄にマークしてください。

記述問題

　以下の二つのテーマのうち，どちらか一つを選んで 400〜500字程度で書いてください（句読点を含む）。

①　現在，公共の場所に，監視カメラを設置するケースが増えています。

　このように監視カメラが今後も増え続けていくと，どんなことが起こるでしょうか。良い点と悪い点の両方に触れながら，あなたの考えを述べなさい。

②　近年，主にマスメディアにおいて，「分かりやすい」ことが重視され，「分かりにくい」ことは敬遠される傾向にあります。

　このような風潮が今後も続くと，どのようなことになると思いますか。良い点と悪い点の両方に触れながら，あなたの考えを述べなさい。

読解問題

I 次の文章は，図書館の利用案内です。内容が合っているものはどれですか。 | 1 |

北久市立図書館利用案内

　北久市立図書館（全6館）を利用するためには，図書館利用カードが必要です。カードの発行は，各図書館の受付カウンターで行なっております。その際，氏名・住所が確認できる身分証明書が必要になりますので，お持ちになってお越しください。なお，小学生以下の方は身分証明書は不要です。

【カード利用上の注意】

・利用カードは，北久市立図書館のみでご利用いただけます。
　※他の地域にお住まいの方でも，カードの発行および図書館の利用は可能です。

・有効期限は3年間です。有効期限の更新は各図書館受付カウンターで行うことができます。住所・氏名に変更がなければ，更新手続きに必要なものは特にございません。

・利用カードは本人様のみご利用できます。

【貸出・返却の方法】

・利用カードとともに，お借りになる資料（図書・CDなど）を貸出カウンターへお持ちください。図書・雑誌は全館合計で10冊まで，CDは全館合計で6枚まで貸出可能です。貸出期間はいずれも2週間です。

・北久市立図書館のどちらの図書館でも返却することが可能です。開館中は直接返却カウンターに，閉館中は備え付けのブックポストにお返しください。

1．図書は一つの図書館につき10冊まで借りられる。

2．利用カードの発行，更新の際には身分証明書が必要である。

3．借りた本はいつでもブックポストに返却してよい。

4．北久市に住んでなくても，本を借りることができる。

II　次の文章で，筆者は，医者は患者に対してどうするべきだと言っていますか。　　2

　　あなたがもし不治の病で，余命がわかったとしたら，どのような治療をしてほしいと思うでしょうか。医療の現場で命について考える時，患者さん，そのご家族，医者，それぞれの立場で，考え方は様々です。

　　今よく話されているのが，「どう死ぬか」という話。がんの末期でも，心臓病の末期でも，「どこまでやってほしいか」ということ。「人の心臓を移植しても生きたい」という究極の選択を望む人もいれば，「親からもらった体が終わればそれでいい。人様のものをもらってまで生きたくない」と言う人もいます。「絶対に欲しい」というのと「要らない」という，まったく違う選択が現実にあります。どちらが正しいかなんて，誰にもわからないし，決められることではありません。僕たち医者は，患者さんがしっかりとした選択ができるだけの情報を提供して，質問には全部答えた上で「どうしますか？」というところまでもっていく。それが医者の務めだと思っています。

（須磨久善『医者になりたい君へ』河出書房新社）

1．医療の専門家として治療方針をすべて決定する。
2．絶対に病気を治すという気概を持って治療に当たる。
3．患者としっかりと話し合った上で治療方針を提案する。
4．なるべく患者の余命が伸びるような治療法をとる。

III　次の文章で述べられている，クロマツ林内に子どものクロマツがいない理由として
　適当でないものはどれですか。 　　　　　　　　　　　　　　　　　　　　　 3

　林をつくっておとなになったクロマツは，松かさをつけて，さかんに種子を飛ばします。種子にはつばさがついていて，かなり遠くまで移動することができますから，新しい土地で新しい苗として生長することができます。

　しかし，親のクロマツの足もとに落ちた種子は，発芽できなかったり，芽を出しても苗として生長ができません。地面に落ち葉がつもっているような林では，種子が発芽して根を伸ばしても，それが土にとどくまでに枯れてしまうのです。また，運よく土に根をはることができても，太陽の光がとどかない林の中では，生長できずに枯れていくのです。

　たいていの樹木は，自分の足もとに種子を落として発芽させ，苗として生まれた子どもを愛情をもって育てる，ということはありません。あちこちと移動できない樹木という生き物は，自分が立っている場所で，太陽の光をどうやってひとりじめするかが，生きるための絶対の条件なのです。足もとの子どもは，愛情で育てる相手ではなくて，やがて大きくなったら自分がうけるはずの光をうばう敵なのです。ですからクロマツ林内に子どもがいないのは，不思議なことではありません。

（近田文弘『海岸林が消える？！』大日本図書）

1．親が子どもを育てるということがないから
2．親は自身の敵となりうる種子を作らないから
3．光のとどかない林内では，子どもは生長できないから
4．松かさのついた種子は遠くまで飛んでいくから

IV　次の文章で，筆者は，ルネサンス後に科学が誕生したのはなぜだと言っていますか。

4

　ルネサンスといえば，世界史の時間に，中世のキリスト教のもとで抑え込まれていた人間性を解放し，人間中心の近世文化へと転換した運動と習ったのを思い出します。人間讃歌，人間復興という言葉も教えられました。

　ここで言う人間性の解放とは何でしょう。それは，神様のおっしゃることをすべてよいこと正しいこととして，教会での教えを疑うことなくそのまま受け入れるという中世ヨーロッパの生き方とは違う生き方をするということでした。そのためにすべてのことに対して「なぜ？」という問いを立て，自分で見たり聞いたりしたことをもとに自分で考える必要が出てきました。まさにこれは，私たちが科学を通して行おうとしてきたことです。科学は「なぜ」から出発し，自分で考えるものですから…（略）…，ルネサンス後に科学が誕生し，知として隆盛をきわめているのは，当然といえば当然です。

（中村桂子『ゲノムが語る生命』集英社）

1．近世社会では，神に代わる原理として科学が必要とされたから
2．人間性が解放され，万物への関心が急激に高まったから
3．物事が神の言葉では説明できなくなってきていたから
4．神から解放されたことにより，物事を疑う精神が芽生えたから

V 次の文章で，筆者が最も言いたいことはどれですか。　　　　　　　　　5

　少し前までは——たとえばバブルのころとか，あるいは高度成長期などでも——，夢とか目標とかいえば，よい大学に入るとか，よい会社に就職するとか，出世するとか，もう少し単純な話だったように思いますが，いまは，「そんなこと」よりも「もっと大切なこと」があって，それは，真の自分らしさを追究することなのだという考えが結構大きな力をもちつつあります。

　重要なのは，自分の真価（自分らしさ）が発揮できるスペシャルな何かを見つけ，それに打ち込むことなのだ，と。人との競争に勝つことよりも，「自分の世界」で自分らしく生きるほうがよっぽどカッコいいですよ，というわけです。ベスト・ワンよりオンリー・ワンの生き方です。

　しかし，そのようなホンモノ探しには複雑な気持ちにさせられてしまいます。なぜなら，ホンモノの自分，自分らしさを見つけ出すことは至難の業だからです。

　それでも，自分らしさの追究をしない者は×（ペケ）だとか，自分らしい生き方を引き当てた人間が○（マル）だとか，いささか単純な決めつけが横行している感じがします。現在ではそれが，一つの文化的な現象になっているのではないでしょうか。

（姜尚中『続・悩む力』集英社）

1．自分らしい生き方をしているかどうかで人を評価するのはよくない。
2．競争に勝つことをよしとする，かつての価値観に回帰すべきだ。
3．現在では，オンリー・ワンの生き方を追究するべきである。
4．今よりも少し前の時代の方が，目標を立てやすく生きやすかった。

VI 次の文章で，筆者は，情報のインプットについてどのように考えていますか。 6

　情報はそこから何かを考えていくための*トリガーでしかないから，情報を取り入れて満足することがゴールというわけではありません。twitter も Facebook も Google+ もすべて真面目にやったって身にならないし，朝日・読売・日経・毎日・産経といったすべての新聞に毎朝目を通します！　とインプットばかりしていても，今の時代，その情報だけでは無駄なものになってしまう。

　情報をいくら仕入れたって世の中のことは計り知れない。今まではそれなりに世の中のことを把握できたかもしれませんが，現在はソーシャルメディアで個人が発信するものも含めると情報が無限大にあるわけで，世の中で起きていることを全部知ろうということ自体が無理です。

　それよりも，ある程度インプットを絞りつつ，情報が偏らないように何方向かから情報を取り入れる。たとえば一つのニュースについて朝日と産経でどういう報道の違いがあるのか。それを意識して読むことには意味があります。なるべく両極のソースにあたったうえで自分の判断基準を決めていく，というのがポイントだと思います。

（津田大介『情報の呼吸法』朝日出版社）

　*トリガー：引き金。きっかけ

1．ソーシャルメディアよりも紙媒体で情報は収集すべきだ。
2．情報は偏りがないようにインプットするのがよい。
3．アウトプットよりも情報のインプットの方が重要だ。
4．インプットする情報は多ければ多いほどよい。

VII　下線部「歴史は科学ではない」の理由として正しいものの組み合わせはどれですか。

歴史は物語であり，文学である。言いかえれば，歴史は科学ではない。

科学を定義すれば，まず第一に，科学にはくりかえし実験ができる性質がある。歴史は一回しか起こらないことなので，この点，科学の対象にならない。

第二に，もっと重要なことだが，それを観察する人がどこにいるかの問題がある。

科学では，粒子の違いは問題にならない。みんな同じだとして，それらを支配する法則を問題にする。

ところが歴史では，ひとりひとりはみんな違う。それが他人に及ぼす機能も違う。それを記述する歴史を書く人も，歴史を読む人も，みんなが同じ人間だ。

そういうわけだから，歴史は科学ではなく，文学なのだ。

（岡田英弘『歴史とはなにか』文藝春秋）

a　歴史は実験できないから
b　歴史はそれぞれ個別性を持った人間を対象とするから
c　歴史は繰り返されるから
d　歴史には嘘が入り込むから

1．a・b
2．b・c・d
3．c・d
4．a・d

VIII　次の文章の（　A　）に入るものとして最も適当なものはどれですか。 　8

　「大人と子供は対等」とする考えは，子供を大人並みに処遇する，という意味です。こ
れも子供から見ればありがたいようで，じつは迷惑そのもの。教育現場で大きな歪みを生
みます。
　大人と子供が対等ならば，教師と生徒も対等になる。担任の教師は，生徒から見ると，
よくて兄か姉。または友だち並みになります。
　教師と生徒が友だちであれば，うまくいけば理想的でしょう。両者の間には垣根がない。
気がねなく相談できる。なんせ対等で平等です。教室はいつも明るく，楽しく，「みんな
で仲よくやろう」となるはずですが，現実はそうはいきません。せめて「一人対数人」な
らば十分可能でも，数十人が相手だと限界があります。友人関係からハミだす生徒がでて
きます。兄弟ゲンカや友だちゲンカは日常茶飯事です。（　A　）。

（今村栄三郎『「勉強ぎらい病」の治し方』日本教文社）

１．子供はそもそも大人と対等な存在なのです
２．教室の秩序は保たれることになります
３．友だち先生はいずれ破綻します
４．教師は友だちのような存在であるべきなのです

IX　次の文章で，筆者が説明している日本料理の調理法の特徴として正しいものはどれ
　　ですか。

9

　日本料理は，その素材の持つ風味を損なわずに生かす調理法ですが，これは，日本が古
来から良質の水に恵まれてきたことに起因しています。なかでも，水主体の吸い物や汁物
は水質の良否に左右されるものです。いくら調味料として，カツオ節やコンブなどを煮出
しても，水が悪くては好い味が得られません。
　日本の水の大部分が*軟水であることが煮物をはじめとする日本料理の発展につながっ
たのです。一方，ヨーロッパや中国では硬水地域が多く，そのため日本のような煮物とい
うよりは煮込み物（シチューのような）がなされます。硬水では食べ物の成分中のタンパ
ク質がカルシウムと結合して，うま味が出なくなるので，時間をかけて煮込んだり，ワイ
ンや香辛料など各種調味料を加えたりすることで補うわけです。
　…（略）…
　日本の水は軟水であり，食べ物の固有に持つ風味を保持した料理が食膳を賑わしてくれ
ます。調理に欠かせぬ水の質的価値を十分に認識の上，上手に活用したいものです。

（平澤猛男『水のふしぎ発見』山海堂　を参考に作成）

　*軟水・硬水：カルシウムやマグネシウムの含有量が少ないのが軟水，多いのが硬水

１．硬水を用いて，食材を長時間煮込んで調理する。
２．硬水を用いて，食材のうま味を引き出して調理する。
３．軟水を用いて，調味料をふんだんに使って調理する。
４．軟水を用いて，素材の持つ風味を生かしながら調理する。

Ⅹ　次の文章で，画家が色覚を失った理由は何だと述べられていますか。　　　10

　「色は何で見ているのか？」と聞かれたら，多くの人は「目で見ている」と答えるでしょう。たしかに目を閉じれば色ばかりかすべてのものは見えなくなってしまいます。

　オリヴァー・サックスの著作『火星の人類学者』には，事故によって後天的に色覚を失った画家のエピソードが紹介されています。画家は，眼球にはなんら支障がないのに世界が白黒映像のようにしか見えなくなってしまいますが，専門家の検査から，色覚システムを司る大脳の特定部位を損傷したことがその原因と考えられました。つまり，色は，外界に存在するのでもなく目で見ているのでもなく，脳のはたらきで初めて組み立てられる現象なのです。目はあくまで外部情報の収集と電気信号への変換をおこなう器官で，それが伝わる先の脳で情報の処理が適切におこなわれなければ，色の見えは起こりません。

（永田泰弘・三ッ塚由貴子『よくわかる色彩の科学』ナツメ社）

１．眼球が情報を収集できなくなったから
２．色についての記憶を失ってしまったから
３．脳で色覚に関する情報処理ができなくなったから
４．大脳の機能が完全に停止してしまったから

XI　次の文章を読んで後の問いに答えなさい。

　言語を「商品」として売買するということは，現代社会においては当然となっています。語学教育は今や一大産業です。ひとたびある言語の「顧客」になってくれれば，その消費者はすそ野の広い関連商品を買いつづける忠実なリピーターになってくれるのですから，おいしい商売でもあります。また，消費者側は，価値の高い言語をマスターすることで，今度は雇用市場において自身を売りこむ際に，その言語能力をアピールすることもできます。そして現在，世界のさまざまな言語話者は，この「商品」としての言語を世界各地に売りこもうとマーケティングや広報をおこない，その販路と市場を拡大しようと必死です。
　…（略）…
　そうなると，2つ目，3つ目の言語として消費者に選ばれるような「商品」であることが，現在の言語のグローバルな市場の獲得競争においてきわめて重要になってきます。言語は，もはや「母語」としての話者との運命的なつながりやアイデンティティの根源といった「プライスレス」な価値をもつ存在ではなく，はっきりと値ぶみされ，習得するコスト・ベネフィットが計算されるものになったということです。言語の習得には，たんに金銭的なコストだけでなく，一定の時間や労力といったコストもかかるのですからなおさらです。

（佐野直子『社会言語学のまなざし』三元社）

問1　下線部「『顧客』」とは，ここではどういう意味ですか。　　　　　　　　11

１．その言語を普段から話している人
２．その言語を学ぼうとしている人
３．その言語に熟達している人
４．その言語を研究している人

問2　ある言語の「商品」としての価値が高いとはどういうことですか。その例として，
　　　適当でないものはどれですか。　　　　　　　　　　　　　　　　　　12

１．その言語を教えている語学教室に生徒が集まる。
２．その言語を話す者同士で連帯感が生じる。
３．その言語に関する教材がよく売れる。
４．就職の際にその言語ができると有利になる。

XII　次の文章を読んで後の問いに答えなさい。

　ある楽曲を始めから終わりまで弾く。すると，その音楽は終わってしまった，つまり一
度「死んでしまった」ことになる。たとえその後に同じ曲を弾いたとしても，必ず違うも
のになる。そのたびに生き直すことにはなるけれど，それはあくまで別のものとして再生
される。全く同じものには絶対にならない。
　楽譜というものは，あくまでその曲のイメージを記したものであって，それを人が読ん
で，解釈をする。その解釈が演奏になる。これをインタープリテーションと呼ぶ。当然な
がら，解釈というものはそれぞれみんなちょっとずつ違う。つまり，その曲自体は演奏さ
れるたびに別の解釈で生き直しているわけだ。しかもそれは，弾き手自身の変化によって
も，あるいは聞き手の変化によっても，さらに両者を囲む環境によっても変わってくる。
…（略）…二度と同じ状況はない。
　でも，だからこそ，その楽曲はいきいきと生き直すことができるんだともいえる。たと
えば300年前のもの，バッハの時代の曲とかベートーヴェンの時代の曲なんかがいま演奏
されても，なんとなく私たちの心に伝わるものがあったり，あるいは面白いと思えたりす
る。それは，その演奏の中にいまの時代にもつながるようなものが含まれていて，新たな
命が吹き込まれて再生されるからなんじゃないだろうか。

（小沼純一「音楽の日常・事件の音楽」『問いかける教室』水曜社）

問1　下線部「別のものとして再生される」とありますが，その理由として<u>適当でないもの</u>はどれですか。　13

1．演奏される環境に違いがあるから
2．弾き手の解釈が人それぞれだから
3．曲を聞いている人に違いがあるから
4．アレンジされた楽譜で演奏するから

問2　この文章の内容と合っているものはどれですか。　14

1．一つの楽曲は，演奏されるたびにその生を絶えず更新している。
2．作曲家の意図通りの解釈をした演奏こそが，人を感動させる。
3．過去の名曲は楽譜自体が完璧であるので，それを聞く人は感動する。
4．楽曲をいきいきとさせるには，楽譜を正確に再現する必要がある。

XIII　次の文章を読んで後の問いに答えなさい。

　私たち日本人も外国旅行に成熟してくると，同じ国でも，もう少し違うところが見たくなります。お仕着せの観光地ではなく，その国の人々の文化や習慣にどっぷり浸かれる場所はないか。現地の人たちと「等身大」で交流できるところはないか。その国の名物料理はもういいやとなります。現地の人たちがいつも食べている食事を体験したい。きっと新しい発見があるはずだ。

　成熟した海外旅行客の多くが(1)このような思考をするようになります。

　日本にやってくる外国人も同じです。ホテルで供される高級な和食や，寿司や天ぷらなど，日本を代表するメニューはすでに経験済みです。東京・新宿の思い出横丁のような路地裏の居酒屋で酒を酌み交わし，焼鳥やお好み焼きで現地の日本人と接してみたい。自分も日本人の中に入ってみたい。

　日本は南北に長い国。地方によって気候も景色も，そして食べるものまで微妙に異なります。それでいながら交通網は充実。どこにでも気軽に足を延ばせます。単一民族で治安も安心。今の時代スマホがあればどこにでも出かけていけます。

　(2)ならば，ということでニッポンに複数回やってくる観光客は自ら積極的に日本国内を探検して歩くようになったのです。

（牧野知弘『インバウンドの衝撃』祥伝社　を参考に作成）

問1　下線部(1)「このような思考」とは，具体的にどのようなものですか。　　　15

1．食事以外のことも経験したい。
2．珍しいものを食べたい。
3．いろいろな国に行ってみたい。
4．その国の日常を経験したい。

問2　下線部(2)「ならば」の後には，どのような内容が省略されていると考えられますか。
　　　16

1．日本語を学んでみよう
2．もう一度あそこに行ってみよう
3．名物料理を食べに行こう
4．いろいろな土地に行ってみよう

XIV　次の文章を読んで後の問いに答えなさい。

　具体的に次世代車に求められていることは何でしょうか。これはいうまでもなく，排ガスがクリーンで，CO_2排出量が少なく，燃費が良いかあるいは石油に替わるエネルギーで走れることです。また，直近の次世代車と，将来的な次世代車で，内容が変わります。

　直近の次世代車には，とにかくクリーンであることと，燃費が良いことが求められます。ただし，クリーンであることは，米国では08年から，日本では09年から始まっている非常に厳しい排ガス規制で達成される見込みですから，直近の場合は燃費が良いことが条件と考えてよいでしょう。

　具体的に直近の次世代車としては，ハイブリッド車，ディーゼルエンジン車，天然ガス自動車，バイオ燃料車が期待されています。ただし，天然ガス自動車は，天然ガスの供給インフラを整備する必要があることと，*航続距離を長くする必要があります。また燃費ももう少し向上させる必要があるでしょう。小型トラックではすでに実用化されていますが，大きく重いボンベを積む必要があるので天然ガス乗用車はなかなか成り立ちにくいのです。

　将来的には，石油に替わるエネルギーで走れることが最大の条件となります。（　A　），天然ガスや液化石炭ではCO_2排出量削減に課題が残ります。一方，電気エネルギーで走る自動車は，クリーン度でも，石油代替性でも，CO_2排出量でも，大いに期待できます。ということから，究極の次世代車として燃料電池車とEV（電気自動車）が期待されるわけです。

（舘内端『３年後に生き残るクルマ』宝島社　を参考に作成）

＊航続距離：燃料を最大まで入れて走行できる距離

問1　（　A　）に入るものとして，最も適当なものはどれですか。　　　17

1．ということは
2．だからといって
3．にもかかわらず
4．だとすると

問2　この文章の内容と合っているものはどれですか。　　　18

1．クリーンさと燃費の良さを両立することはできない。
2．天然ガスを燃料とした車が，将来期待されている。
3．クリーンさにおいては，燃料電池車やEVが一番だ。
4．直近の次世代車に最も求められているのは，クリーンさである。

XV　次の文章を読んで後の問いに答えなさい。

　<u>神話にはなぜか「父親殺し」の話が多い。</u>

　神話に限らず物語というものは，人から人へ語られることによって伝えられるものだ。伝える人が，この話は良い話だから残そうとか，そういったことを考えているわけではないのだが，面白いと思った話は人にも伝えたくなるし，つまらない話は伝える前に忘れてしまう。だから自然に，面白い話だけが残っていく。このような（　Ａ　）が神話にも働いているのである。

　ではどういう話を面白いと感じるのかというと，それは人々の期待に応えるような話だ。こういう言い方をすると，父親殺しの話が残ったのは，多くの人々が，父親殺しの話が好きだったからなのかということになるが，そういうわけではない。

　神話も伝説も，神や王族の物語が多い。父殺しとは，王殺しであり，それは政権交代を意味する。民衆は多くの場合，自分が政権交代を望んでいるといったことも意識してはいない。ただ潜在意識の中に，王が替われば少しは生活が楽になるのではないかといった願望が隠されている。その願望を刺激する話は，面白い話と感じられ，人に伝えたいというモチベーションをもたらす。実は民衆は，王子が王を殺す話を，心の奥底では望んでいるのだ。

（三田誠広『実存と構造』集英社　を参考に作成）

問1　下線部「神話にはなぜか『父親殺し』の話が多い」とありますが，それはなぜだと
　　筆者は言っていますか。　　　　　　　　　　　　　　　　　　　　　19

1．父殺しの話は，人々の王殺しという現実的な希望に応えるものだったから
2．民衆は，子が父を殺すというような刺激的な話を求めていたから
3．父殺しの話は，人々の政権交代願望という潜在意識を満足させたから
4．父殺しの物語は，ストーリー的に非常に面白いものであったから

問2　（　A　）に入るものとして，最も適当なものはどれですか。　　　20

1．因果応報
2．自然淘汰
3．栄枯盛衰
4．温故知新

XVI　次の文章を読んで後の問いに答えなさい。

　生き物が群れをつくるとき，各個体間にさまざまな状況が発生します。社会的な環境が複雑になればなるほど，次々に生じる新たな状況に対して，いかにうまく対応するかという「技術」や「発想」が生まれてくるのは，ヒトもイルカも同じです。群れをつくり，多くの個体（それはつまり，“他者”です）と複雑な関係をもつようになったことが，イルカを「賢く」させた要因でしょう。そう考えると，イルカたちは「群れたから賢くなった」と言えそうで，実際にそのことを示唆する，筆者の行った<u>一つの実験</u>があります。
　水族館で複数で飼育されているイルカと，一個体だけで飼育されているイルカに，同じ遊び道具（浮き）を与えてみました。すると，遊び行動のパターンの数に大きな違いが見られたのです。

（実験の結果が省略されています）

　この事例が示すように，「群れ」でいることが個体の行動パターンを増やすだけでなく，種々の経験も豊富になり，ひいてはそれが知的な行動へと結びついていくものと考えられます。
　オスにしろメスにしろ，危険に満ちた海を移動しながら群れの離合集散を繰り返し，その過程で出会うさまざまな他者を認識しつつ，変化の激しい社会関係を保っていくことがイルカに課せられた宿命です。そのような歴史の長い積み重ねが，知能の進化を促したとも言えるでしょう。

（村山司『海に還った哺乳類 イルカのふしぎ』講談社　を参考に作成）

問1　下線部「一つの実験」の結果はどのようなものになったと考えられますか。なお、選択肢中の「複数」は「複数で飼育されているイルカ」を、「個体」は「一個体だけで飼育されているイルカ」を意味します。 21

1．「複数」と「個体」は、全く種類の異なる遊び方をした。
2．「複数」も「個体」もどちらも多彩な遊び方を見せてくれた。
3．「複数」は画一的な遊び方しかしなかったが、「個体」は独自性のある遊び方をした。
4．「複数」は多彩な遊び方をしたが、「個体」は単調な遊び方しかしなかった。

問2　この文章の内容と合っているものはどれですか。 22

1．群れをつくることには、そこからはみ出る者を生むという欠点がある。
2．ヒトやイルカにおいて、多様な他者関係を持つことが知能の発達をもたらした。
3．イルカは、安定した社会関係の中でこそ知能を成長させることができる。
4．ヒトやイルカのようにもともと知能の高い生物が群れをつくる傾向がある。

XVII　次の文章は，日本人のブランド好きの理由を分析したものです。これを読んで後
　　　の問いに答えなさい。

　戦後，日本の社会を動かす原動力となったのは，「平和で，安全で，長生きできる国づ
くり」という目標だ。
　この「目的」は，戦争で国土が荒廃し，戦死者や病死者で溢れる社会状況の前では，あ
まりに明確かつ強力であったから，その「手段」として産業主義を採ることにおおむね異
論は生じなかった。官僚が主導して，公的な法人や企業を復興し，公務員とサラリーマン
を太らせることで社会を豊かにするやり方である。
　ところが，先人の努力によって50年足らずでこの「目的」が達成されると，(1)「手段」
である産業主義が独走するようになった。本来なら，成長社会で有効だった「手段」は，
新たな「目的」のもとに再編成されなければならないのだが，日本は成熟社会への方向転
換にいまだに戸惑っている。政治の世界でも，いまだに成長社会のイメージが頭の大半を
占めるリーダーしか出てこない。
　つまり，(2)次の世界が描けないのだ。だから，新たな「目的」が示されなかったこの20
年ほどの日本社会では，「手段」そのものを集めたり，求めたり，追いかけたりすることに，
人々が奔走するようになった。
　ブランドは，その最も顕著なものの一つである。
　当初は，*団塊世代の人々を中心とした，欧米流を憧れとする日本人のステイタスシン
ボルだった。「平和で，安全で，長生きできる国」で生きていることを象徴する手段だ。
　ところが，いったん「平和で，安全で，長生きできる国」が成し遂げられてしまうと，「手
段」がそのまま目的化してしまう。
　若い世代も含めて，買いまくることが目的化し，その質的な側面よりも量が問題となっ
ていく。たくさん集めることで平和を感じる。もっと買うことで安全を実感する。長生き
することで，もっと高いものが買えるようになる……。「平和で，安全で，長生きできる国」
であるからこその，奇妙な消費文化が生まれたのである。

（藤原和博『新しい道徳』筑摩書房）

＊団塊世代：日本で1947年〜49年に生まれた世代。直前の「当初」は彼らが若者として
　　過ごしていた頃のことを指す

問1　下線部(1)「『手段』」とは，何のための手段ですか。　　　　　　　23

1．国土を戦争前の状態に戻すため
2．公的な法人や企業を復興するため
3．平和で，安全で，長生きできる国づくりのため
4．公務員とサラリーマンを豊かにするため

問2　下線部(2)「次の世界が描けない」とは，具体的にどういうことですか。　24

1．成長社会を持続させる方法が分からない。
2．成熟社会を実現するための「手段」が見つからない。
3．世界情勢の今後を予測することができない。
4．成熟社会というものを「目的」として考えられない。

問3　日本人にとってブランド品を買うことは，もともとどのような意味を持っていましたか。　　　　　　　　　25

1．ブランド品を買うことによって，豊かさを実感することができた。
2．ブランド品を買うことによって，現実の問題から目をそらすことができた。
3．ブランド品を買うことによって，経済を活性化することができた。
4．ブランド品を買うことによって，消費する楽しさを知ることができた。

第 ⑨ 回　模擬試験

解答時間：70分

9

記述問題は，二つのテーマのうち，**どちらか一つを選んで**，記述の解答用紙に書いてください（解答用紙には，テーマの番号を書く必要はありません）。

　　文章は横書きで書いてください。

　　解答用紙の裏（何も印刷されていない面）には，何も書かないでください。

　　読解問題は，問題冊子に書かれていることを読んで答えてください。

　　選択肢１，２，３，４の中から答えを一つだけ選び，読解の解答欄にマークしてください。

記述問題

　以下の二つのテーマのうち，どちらか一つを選んで 400～500字程度で書いてください（句読点を含む）。

①　食事には，生存のために栄養を補給するという役割がありますが，食事の役割はそれだけではありません。

　栄養補給の他に，食事にはどんな役割があると思いますか。具体的な例を挙げて，あなたの考えを述べなさい。

②　働くことには，生活のためにお金を稼ぐという意味がありますが，働くことの意味はそれだけではありません。

　お金を稼ぐことの他に，働くことにはどんな意味があると思いますか。具体的な例を挙げて，あなたの考えを述べなさい。

読解問題

I　次の文章は，ゼミの入会選考についてのお知らせです。内容と合っているものはどれ
　ですか。　　　　　　　　　　　　　　　　　　　　　　　　　　　　　　　　1

〈経済学部 日本経済ゼミ〉

　経済学部 日本経済ゼミに入会するには，選考試験に合格する必要があります。試
験は一次の筆記試験と二次の面接試験から成ります。以下に詳細を記します。

申込方法：受験申込書に必要事項を記入の上，経済学部教務課に提出してください。
申込期限：2月10日（金）17時まで
一次試験：3月13日（月）10時〜12時。経済学部2号館101教室で行います。結果は
　　　　　3月21日（火）正午より，経済学部1号館掲示板にて発表します。
二次試験：3月27日（月）10時から順次。一次試験合格者を対象に，経済学部2号館
　　　　　202教室で行います。各受験者の面接開始時間は後にお知らせします。結
　　　　　果は3月31日（金）正午より，経済学部1号館掲示板にて発表します。

1．一次試験と二次試験の合計点で合否が決まる。
2．受験申込書は一次試験の際に持参する。
3．一次試験の受験から最終合否が出るまでおよそ1カ月である。
4．一次試験と二次試験の結果発表の方法は同じである。

II 下線部「現在の企業組織では，カリスマだけでは人がついてきません」の理由について，筆者はどのように述べていますか。 2

　　現在の企業組織では，カリスマだけでは人がついてきません。その理由の１つに，組織で働く多くの人たちが，ピーター・ドラッカーのいう「知識労働者」にシフトしたことが考えられます。

　　知識労働者はそれまでの労働者（ワーカー）と異なり，専門的な知識を自らの資本とする「ナレッジワーカー」です。その知識を武器として結果を出しています。

　　昭和の時代は本社に鎮座するカリスマリーダーが「右向け，右！」という指令を発すれば，業務が滞り無く進んでいたのかもしれません。しかし，変化のスピードが増した現代では，最前線にいる社員を*エンパワーし権限委譲しないことには，本社が**ガラパゴス化し，市場の変化に取り残されてしまうリスクがあります。知識を武器として，フロントで意思決定できる社員が，命令に従うフォロワーよりも活躍できるのです。

　　そして，ナレッジワーカーが増えるにつれて，カリスマリーダーはリスペクトされにくくなります。知識を武器とする部下は上司よりも豊富な知識をもっているので，リーダーに，いくら経験に裏打ちされたカリスマ性があったとしても，その経験や知識が時代遅れとなってくるからです。若手に「あの人はわかっちゃいないよ」と馬鹿にされる現象は，こうして起こります。

　　　　　　　　　　（久世浩司『リーダーのための「レジリエンス」入門』PHP研究所）

　*エンパワー：権限を与えること
　**ガラパゴス化：孤立した状態になること

　１．ワーカーは，リーダーにカリスマではなく意思決定能力を求めているから
　２．知識労働者は，自分よりも知識の乏しいリーダーを軽視しがちだから
　３．現在では，リーダーは自ら最前線に出なければならないと考えられているから
　４．知識を武器としている社員は，あまり革新的な経営を好まないから

III　次の文章の（　A　）に入るものとして最も適当なものはどれですか。　[3]

　なつかしさを喚起させる広告を呈示することで，そのなつかしさが（　A　）ことを示した実験があります。具体的には，コダック社のカメラフィルムの広告写真を，なつかしさを喚起するキャッチフレーズ（「あの一瞬をもう一度」），もしくはなつかしさを喚起しないキャッチフレーズ（「一瞬をおさめよう」）と共に呈示しました。広告写真とキャッチフレーズが呈示されている間，呈示されている広告写真に対して思い浮かんだことを自由に記述してもらい，後に2人の判定者によって，それらの記述がなつかしさに関係するものか否かを判定しました…（略）…。

　その結果，なつかしさを喚起するキャッチフレーズと共に広告写真が呈示された場合は，そうでない場合と比較して，なつかしさに関係する記述が多い結果となりました。つまり，元々はなつかしさを感じない商品が，なつかしさを喚起するキャッチフレーズと共に呈示されることにより，なつかしく感じるようになるのです。

（楠見孝編『なつかしさの心理学』誠信書房）

1．増幅される
2．購買意欲を高める
3．商品に伝染する
4．商品価値を高める

IV　次の文章で，筆者が説明している「節約」と「ケチ」の具体例を分類したものとして正しいのはどれですか。 4

　「節約」と「ケチ」は，「お金を使わない」という一面は共通していますが，その意味はまったく違います。

　お金を使わないことで，他人に不快感を与えたり，迷惑をかけたりするのが「ケチ」。

…（略）…

　一方，「節約」というのは，人に迷惑をかけずに，自分のできる範囲でお金をかけない努力をする「賢い暮らし方」を意味します。

…（略）…

　もうひとつ，節約とケチの決定的な違いは，お金を使わないのは「自分のため」か「人のため」かという点です。

　ケチがお金を使わないのは，自分のお金を貯めるため。しかし，節約の目的は，単にお金を貯めこむことではありません。節約して貯めたお金を，人を喜ばせるために使うのです。

（金子哲雄『学校では教えてくれないお金の話』河出書房新社）

a　八百屋で白菜を値引きしてもらう。
b　買ってきた白菜を工夫して全部使い切る。
c　お菓子を買うのを母の日のために我慢する。
d　水道代を浮かすため外で用を足す。

1．節約　b・c　　　ケチ　a・d
2．節約　a・c　　　ケチ　b・d
3．節約　a　　　　ケチ　b・c・d
4．節約　a・b　　　ケチ　c・d

V　次の文章で，筆者が述べている，東京についての説明として正しいものはどれですか。

　　東京という街は単純に規模的に大きすぎるのと，所有コストと道路事情の問題で都心の自動車生活がかなり「不便」になっている。そしてそのせいで，特に都心では極度の鉄道依存のライフスタイルを余儀なくされている。もう二十年以上も前にある映画監督（押井守）がこの現象について「距離と時間が置き換わっている」と指摘していました。この東京という街で，僕らはいつの間にか新宿まで〜km，池袋まで〜km，ではなく新宿まで〜分，池袋まで〜分，と距離を鉄道での移動時間に換算して思考している。ここではつまり，人間の思考回路上の「距離」が意味を失い「時間」に置き換わっているといえる。こうした現象は，なかなか他の街では起こりづらい。東京ほど面積が広い都市は世界でも珍しく，たいていの場合はここまで鉄道依存が強くないし，ある程度鉄道依存が進んでいても，実際の距離と鉄道での移動時間が極度に食い違うことは珍しいからです。

（宇野常寛『日本文化の論点』筑摩書房）

１．東京では，目的地に行くのに自動車よりも鉄道を使った方が早い。
２．東京で生活する人々は，その忙しさゆえ「時間」に重きを置いている。
３．東京では，実際の距離と鉄道での移動時間との間に大きなずれがある。
４．東京は面積が狭い割に自動車の数が多いので，渋滞が激しい。

VI 次の文章で，筆者は，散歩写真でオリジナリティを出すにはどうすればよいと言っ
ていますか。

6

　散歩写真は自分のために撮る写真である。つまり，撮り方がわからないときに巨匠の写真を模倣するのは構わないが，何も写真集や雑誌，絵葉書の通りに撮る必要はまったくないのである。そのような写真が完成型だと思わなくていい。

　散歩写真では，自分に好評な写真を撮ることがゴールである。自分が見ていて楽しい，嬉しい，癒される写真を撮るのであって，人がどう思うかを基準にあれこれ考えて撮るのではない。したがって散歩写真は，世のどんな芸術写真よりも作者の主体性が発揮される写真なのである。散歩写真は，ある意味で純文学である。

　もちろんテーマの選定の仕方ひとつをとっても，オリジナリティを発揮できる。日常から連続する興味・関心をそのまま写真に反映させることにより，自分が何であるのかが自分自身にとっても理解できてくる。しかも歩いては撮り撮っては歩く過程で，自分の撮りたいものがさらにわかってくる。その興味・関心を深めることがオリジナリティの発露なのである。

（樋口聡『散歩写真のすすめ』文藝春秋）

1．自分が興味を持っているものをそのまま写真に写し出す。
2．今まで誰も撮ったことのないような題材を探し出す。
3．巨匠の写真を見てオリジナリティの何たるかを学ぶ。
4．自分よりもそれを見る人が楽しめるような写真を撮る。

VII 次の文章で，筆者が長野の友人の家からすぐに帰った理由として<u>適当でないもの</u>は
どれですか。 7

　人は（室内で）普通に生活しているときにはそのことに気づかないが，常に自分の痕跡^{こんせき}
を一つひとつ残していく作業をしながら生きている。それは，単なる空間を，自分だけの
空間に変えていくという行為である。

　僕が若い頃，友人が長野に民家を借りて住んでいて，しばらくしてまた東京に移り住ん
できた。その長野の家を残してきたので使っていいよと言われて，訪れたことがある。そ
こには多くの家財道具がそのまま置かれ，子どもが書いた習字の練習の紙まで残っていた。
それを見た瞬間に，これはダメだと僕は思った。彼と家族の痕跡が残っていて，こんなと
ころには泊まれないと，すぐに帰った。

　そのときの僕には，他人の居場所を侵してはいけないという気持ちが湧き上がってきた
のである。このように，室内，部屋，居場所といった空間は，なんともいえない独特な力
を帯びている。

（柏木博「室内あるいは居場所をめぐって」『わたしがつくる物語』水曜社　を参考に作成）

1．その家が，他人を寄せ付けない不思議な力を帯びていたから
2．筆者は，その家が友人と家族だけの空間であると感じたから
3．その家には，友人と家族の生の痕跡が残っていたから
4．筆者は，他人の家で暮らすのはよくないと考えているから

VIII　下の文章に続けてa～dの文を並べ替えるとき，正しい順序であるのはどれですか。

8

　生物の世界においては，さまざまな制約があるため，生まれたすべての個体が生き残ることはできない。ある個体が環境に適応しているか，否か。その子孫の数が多いのか，少ないのか。親から引き継いだ遺伝子にどのような違いがあるのか，ないのか。こうしたファクターが複雑に組み合わさった結果起こるのが進化なのだ。

　少しわかりづらいと思うので，植物を例にごく単純化して考えてみよう。

a　するとどうなるか。

b　ある植物の集団が，赤い花，白い花，ピンクの花を咲かせるとする。

c　当然，世代を経るにつれて赤い花を咲かせる個体の割合が増えていくはずである。

d　そして，その花を受粉させる昆虫の多くが，赤い花を好むとしよう。

（赤池学『生物に学ぶイノベーション』ＮＨＫ出版）

1．b－a－c－d

2．b－d－a－c

3．d－a－c－b

4．d－b－a－c

IX　次の文章で，筆者は，男性同士の友情が成り立つ条件は何だと言っていますか。

　　男性同士だと，「力＝社会的地位」の序列の中での位置がはっきりしないと，関係が安定しない。お互いに「さん」同士で呼び合うなど，お互いの上下をあいまいにしたままの関係は，しっくりこないのだ。…（略）…お互いの力の上下関係を了解しあった後に初めて，お互いの役割関係やコミュニケーション関係を構築することができる。

　　男性同士の友情と呼ばれるものは，通常，この力関係が同等と認め合ったもの同士に成立する。男性同士で，同級生や同期であることが重視されるのは，このためである。二人の「力＝社会的地位」が離れていると，いくら趣味や性格が一致していても，なかなか対等な友人関係になりにくい。その場合，例えば，父子，師弟，親分−子分関係のように一方が教えたり，保護したり，命令したりする関係になりがちである。また，同僚だと思っていた友人の一方が昇進するなどして両者の力のバランスが崩れたと感じたとき，友情関係にひびが入る事はよくある話である。

（山田昌弘『モテる構造』筑摩書房　を参考に作成）

1．お互いに困ったときは助け合うこと
2．互いの社会的地位が均衡していること
3．趣味や性格が似ていること
4．上下関係があっても理解し合えること

X　次の文章で，筆者が最も言いたいことはどれですか。　　　　　　　　10

　　これからの医療では「患者が主役」であり，医療従事者は，患者にシンパシーを持つこ
とが重要です。シンパシーというのは，もともと「痛みの共有」という意味で，患者が何
を感じているのか理解する，共感するということです。患者は，自分が何を感じているの
か，嬉しいのか悲しいのか，痛いのか，苦しいのか，といったことを率直に言わない，あ
るいは言えないことが多いので，医療従事者は患者の言うことの背景を読み取る必要があ
ります。そのためにはコンサルタント技術も必要であり，医学教育でも取り扱うべきです。
医学生は訓練生として早くから医療現場に接することが有効でしょう。「医療のヒエラルキー
のトップである医師」になるという意識で医療現場に出るのではなく，単なる学生として
現場の雑役を経験することが必要です。あるいは，ロールプレイで患者になってみるとい
うのもいい方法だと思います。とにかく，患者とはどういうものか，というのがわからな
ければ医者とは言えません。

（村上陽一郎『人間にとって科学とは何か』新潮社）

1．患者は自分の痛みや気持ちをなかなか口に出すことができない。
2．自身も病気になった経験を持つ者がよい医者になれる。
3．医者は医療の専門家であるという自覚を持たねばならない。
4．医学生は患者の気持ちを理解する訓練を早くから積むべきだ。

XI　次の文章を読んで後の問いに答えなさい。

　人を教えるからには，相手に対して何らかの強制をしないわけにはいかない。相手の自由に任せていると，相手は知識を吸収しようとしない。宿題を出し，一定の指導に反する相手を叱る必要がある。そうしないと，相手は努力せず，自分で考えるための基礎力を養うことができない。

　だが，かといってずっと強制していたのでは，学ぶ側は自分で考えようとせず，いつまでも他人の考えを鵜呑みにしようとして自立できない。

　教えるからには，学ぶ側が独立することをめざし，自分で考えることができるようになるために強制しなければならない。その強制と自立との（　A　）こそが，教えるテクニックのすべてと言っていいだろう。

　ところが，それがなかなか難しい。教える相手によっても，教える内容によっても，一律ではない。コミュニケーション力を用いて，相手の一人ひとりの気持ちや理解度をその表情や態度から察し，説明の仕方を変えながら徐々に難しいことを教えていかなければならない。そして，プライドを保ったり，時にはあえて傷つけたりして，学びたい気持ちを高める必要がある。そうしながら，だんだんと習いたいという気持ちを起こさせ，徐々に自分で考えるように促さなければならない。

（樋口裕一『「教える技術」の鍛え方』筑摩書房　を参考に作成）

問1　（　Ａ　）に入るものとして，最も適当なものはどれですか。　　　　　11

1．矛盾関係
2．相乗効果
3．兼ね合い
4．因果関係

問2　筆者は，教えることの目的は何だと言っていますか。　　　　　12

1．努力することの大切さを知ってもらうこと
2．経済的に自立できるようにすること
3．強制に対する忍耐力を付けること
4．自分で考える力を身に付けさせること

XII　次の文章を読んで後の問いに答えなさい。

　生態系のピラミッドの頂点に位置する動物を，専門用語では「アンブレラ種」と呼んで
いる。

　日本の場合にはワシ・タカ，海外ではライオンやトラなどがここに描かれることになる。
いずれも獰猛（どうもう）そのもので，いかにも強そうに見えるし，実際，一匹一匹の強さということ
では半端でなく強い動物ばかりである。山で会っても喧嘩したいとは思わない。

　とはいえ，彼らは，環境的には，最も脆弱（ぜい）な生き物でもある。

　なぜなら，彼らが生きるためには，彼らの餌（えさ）となる動物たちが潤沢に生きていけなけれ
ばならず，そのためには，その餌動物たちの餌が豊かでなければならず，さらにその餌と
なる動物や植物が多様に生きていける環境が必要になるからだ。

　環境が劣化すれば，最初に絶滅するのはアンブレラ種である。

　（人間社会では，なぜか，そうはならない。（　Ａ　）。生態学的には不思議という他に
ない。人類は，やっぱり変な生き物なのかもしれない）。

　さて，そういう意味では，「環境保護」を考える際に，アンブレラ種を「＊指標生物」
にするというのは正しい考え方である。アンブレラ種が生きていける環境を守るためには，
それなりに「大きな」生態系ピラミッドを維持していく必要があるからだ。

（山田健『オオカミがいないと，なぜウサギが滅びるのか』集英社インターナショナル　を参考に作成）

　＊指標生物：ある地域の環境条件の判定のために用いられる生物種

問1　アンブレラ種を指標生物とすることが正しいとされる理由として，最も適当なものはどれですか。　13

1．アンブレラ種は，餌が豊富になければ生きていくことができないから
2．アンブレラ種は数が少ないため，その数を把握することが容易だから
3．アンブレラ種の生息数は，その地域の生態系ピラミッドの大きさを示しているから
4．アンブレラ種は生態系ピラミッドの頂点に位置し，最も生き残りやすい種だから

問2　（　Ａ　）に入るものとして，最も適当なものはどれですか。　14

1．会社の経営者は，社員たちに過重な労働を強いる
2．会社の経営が悪くなると，真っ先に平社員がリストラされる
3．会社では，経営者よりも社員の方が強い力を持っている
4．会社の経営者は，経営が悪化した場合，責任を取って辞任する

XIII　次の文章を読んで後の問いに答えなさい。

　　やりたい仕事が見つからないという人は，行動せずに頭で考えすぎる傾向にあります。行動を起こす前に理由を求めすぎるといってもよいでしょう。しかし，最初から「自分に合った仕事」を探そうなどと頭で考えても，そんな仕事にはなかなか巡りあいません。「自分に合った仕事」に複雑な理由は要りません。やっていて気持ちよければ良い仕事で，不快感が残れば悪い仕事です。そして，仕事によって快感を覚えたことのある人は，良い仕事をしたことのある人です。こういう人は，強いでしょう。

　　仕事で快感を覚えるのは，「付加価値を生んだ」という実感を持てたときです。サラリーマンの難しいところは，自分は何かの価値を生み出したという自負心を感じることが難しい点です。業務がとかく細分化されており，自分が関わった仕事の成果を最後まで見届けることが少ないからです。関与する人間の数が増えれば増えるほど，付加価値というものが，どうしてもバーチャルな世界の話でしかなくなってしまいがちです。

　　ところが，起業して小所帯で仕事をすれば，付加価値を生んだかどうかは，顧客の反応や経営成績で一目瞭然，すぐに結果として実感することができます。それが起業の醍醐味です。バーチャル化した付加価値をこねくり回して，やれ「成果主義だ」とやってみたところで，この醍醐味に勝るモチベーションは得られないでしょう。

　　付加価値とは，金銭的かつ相対的なものです。誰かがお金を払ってくれることによって立証されるものです。どんな活動をしているのであれ，その活動を支えるだけの資金を誰かが払ってくれるのであれば，その活動が付加価値を生んでいると認められているということであり，付加価値を生んでいるということになります。

　　…（略）…誰かに認めてもらってお金を頂戴できれば付加価値で，誰もお金を払ってくれなければ趣味になります。人からお金をもらうことを経験することが大事なのです。

（一橋総合研究所『「身の丈起業」のすすめ』講談社）

問1　下線部「相対的なもの」とありますが，「付加価値は相対的である」とはどのような意味ですか。　15

1．付加価値は，他のものとの比較に勝ったときに生まれる。
2．付加価値は，他人が価値があると認めることによって生まれる。
3．付加価値は，自身の労働によって生み出された価値のことである。
4．付加価値は，それを生み出した本人には見えにくいものである。

問2　この文章の内容と合っているものはどれですか。　16

1．自分で起業すれば，付加価値を生み出したという快感を得やすい。
2．サラリーマンは起業家と異なり，付加価値を生み出すことができない。
3．付加価値のある仕事と趣味との違いは，自分で満足できるかどうかという点にある。
4．仕事の良し悪しは，その仕事に長く従事してみないと分からない。

XIV　次の文章を読んで後の問いに答えなさい。

　何をするにせよ勉強して覚えるべきことは多い。何か新発見をするほどの研究者になりたいのであればなおさらだ。しかし知識量で勝る者が強者かというと、現実はそうなっていない。実は新発見を成し遂げた人というのは、15〜16歳の頃から(1)その種を自分の中に宿していることが多い。これは分野によらない。このことが端的に示しているのは、(2)世界を変える力は知識ではなく「若い力」だということだ。若い力とは「知らない」力であり、「知っている」ということよりも「知らない」ということのほうが重要なのである。

　理由の一つが「エラー」、つまり「失敗」する可能性だ。膨大な知識の体系に分け入った若者は、それを骨肉化しようとするとき、誤った理解をすることもしばしばある。物事は、教えられたとおりに運ぶとは限らないからだ。新発見は、それまでの常識からすればエラー、あるいはアクシデントと呼ばれる事態の中でなされることが多い。人間が何かを成し遂げる力は、エラーにこそある。生物としての人類もそうやって進化してきたはず。突然変異というエラーを利用することで環境に適応し、生き残ってきたのだから。歳をとると失敗を恥じるようになり、エラーを起こせなくなっていくが、エラーを恐れてはならない。若さとは、弱点であると同時に世界を変えていく力でもあるのだ。

　物理学者のある友人は、高校で教わった「虚数単位」が大人になってもずっと頭にひっかかっていたという。虚数単位は「−1」の平方根だと説明されても「よくわからない。気持ち悪い。なんかおかしい」という思いを、彼は長い間、頭の片隅に置いておいた。30年後、彼はその虚数を利用してまったく新しいタイプの電子顕微鏡を発明するのだが、15〜16歳の頃に抱いたほんの少しの違和感と疑問を持ち続け、それが花開いたのだという。

（小林康夫「学ぶことの根拠」

外山滋比古他『何のために「学ぶ」のか』筑摩書房　を参考に作成）

問1 　下線部(1)「その種」のここでの意味として，最も適当なものはどれですか。 17

1．エラーを恐れない心
2．天才的なひらめき
3．新発見に必要な知識
4．常識に対する違和感

問2 　下線部(2)「世界を変える力は知識ではなく『若い力』だ」とありますが，筆者がそ
　　　のように述べる理由は何ですか。 18

1．若さゆえの無知や誤解は，それまでの常識を突き崩す力を持っているから
2．年長者とは異なり，若い人にはエラーを犯すことが許されているから
3．若い人には，未知の知識を吸収する余地がまだ十分に残っているから
4．若い人は，エラーを絶えず訂正することで世界を変えていこうとするから

XV　次の文章を読んで後の問いに答えなさい。

　春先にはナノハナやタンポポなど，黄色い花がよく目立ちます。黄色い花はアブが好む
色です。アブは，まだ気温が低い春先に，最初に活動を始める虫です。そのため，春先の
花はアブを呼び寄せるために，黄色い色をしているのです。

　ただし，アブには問題があります。

　ミツバチのようなハチは，同じ種類の花々を飛んで回ります。ところが，アブはあまり
頭の良い昆虫ではないので，花の種類を識別することなく，さまざまな花を飛び回ってし
まうのです。これは植物にとっては，都合の悪いことです。ナノハナの花粉がタンポポに
運ばれても，種子はできません。ナノハナの花粉はナノハナに運んでもらわなければなら
ないのです。

　それでは，どうすれば，アブにきちんと花粉を運んでもらうことができるのでしょうか。
植物は，こういう問題をちゃんと解決しているのです。

　春先に咲く花は，まとまって咲く性質（群生）があります。集まって咲いていれば，ア
ブは遠くへ行くことなく近くにある花を飛んで回ります。そうすれば，同じ種類の花を飛
び回ることになるのです。そのため，春先に咲く花々は，一面に咲いて，お花畑を作るの
です。

（稲垣栄洋『面白くて眠れなくなる植物学』PHPエディターズ・グループ）

問1　下線部「こういう問題」とは，具体的にどのようなことですか。 19

1．同じ種類の虫に花粉の運搬をしてもらわなければならないこと
2．違う種類の花の花粉でも種子ができるようにしなければならないこと
3．同じ種類の花から花へ花粉を運んでもらわなければならないこと
4．花粉を運んでくれる虫を引き寄せなければならないこと

問2　この文章で筆者が説明しようとしていることとして，最も適当なものはどれですか。 20

1．花と虫は互いを利用し合っている。
2．花の色や咲き方には合理的な理由がある。
3．虫にも頭の良い悪いがある。
4．春先に咲く花には黄色いものが多い。

XVI　次の文章を読んで後の問いに答えなさい。

　人間文化の歴史というのは，どこを「ヒア (here)」と呼び，どこを「ゼア (there)」
と呼んだかということによって成立していきます。最初は自分たちのムラやクニが「ヒア」
で，その外側の世界はすべて「ゼア」でした。やがて「ゼア」には現実にはない想像の世
界のことも含まれるようになります。たとえば死後の世界とか天国です。日本では「ヒア」
を「此岸」と呼び，「ゼア」を「彼岸」と呼びました。「*お彼岸」ですね。
　（　A　），「此岸」は人間世界，「彼岸」は人間の死後の世界と考えた。仏教では死後に
理想の国が待っているという願いをこめて「浄土」と呼んだりもしました。ヨーロッパで
は，「ゼア」はアルカディアとかユートピアとか天国というものになります。
　こうして「ゼア」を思う気持ちが強くなると，今度は理想の「ゼア」に合わせて，「ヒア」
をつくるという文化が生まれてきます。日本の古代，奈良時代くらいまでは，中国という
「ゼア」を理想として，その「ゼア」を「ヒア」に持ってくることによって，国家のしく
みや制度や文化をつくっていきました。

（松岡正剛『17歳のための世界と日本の見方』）

　＊お彼岸：春分，秋分の日を中央にはさむ前後7日間。一般的にこの間に墓参し，先祖
　　を供養する

問1　（　A　）に入るものとして，最も適当なものはどれですか。　　　　21

1．したがって
2．たとえば
3．一方
4．すなわち

問2　この文章の内容と合っているものはどれですか。　　　　22

1．すべての文化は「ゼア」を「ヒア」に取り込むことによって成り立っている。
2．「ゼア」の範囲は，現実の世界から想像の世界へと拡大していった。
3．「ゼア」は理想の世界ゆえ，触れてはならないものとされた。
4．日本の「ゼア」は死後の世界であったが，ヨーロッパのそれは現実の中にあった。

XVII　次の文章を読んで後の問いに答えなさい。

　AIには大きな可能性がある一方で，危険性についても常にささやかれている。よくいわれるのは，AIが自主性をもちすぎて人間がコントロールできなくなってしまうのではないか，あるいは，何らかの理由で暴走してしまうのではないかということだ。どちらも，可能性は皆無ではないだろう。

　…（略）…

　現時点でのAIに限っていえば，人間のコントロールから外れるということは考えにくい。いまはまだ，本当の意味で人間のように行動できるAIが存在しないからだ。

　人間は歩く，考える，料理をする，絵を描くなど，ひとりで実に多様な機能をこなすことができる。しかしAIはそうではない。アルファ碁であれば，碁についてはそのへんの素人はおろかプロですらかなわない実力をもっているが，碁以外のことはできない。自動運転車も，いくら素晴らしいシステムを搭載していても，自動車の機能に関係すること以外は何もできない。

　アメリカの発明家にして未来学者のレイ・カーツワイルが予測したように，2045年にシンギュラリティ（技術的特異点）を迎えて人工知能の能力が人間の脳を 凌 駕するとしたら，そしてその懸念が深刻であるのなら，手を打つ時間はまだある。

　実際，そうした懸念を考慮して対策を講じようとする動きもある。グーグル社参加のもと人工知能を開発している *DeepMind* 社のグループは，AIが人間のコントロールを拒否したり，人間を害する動きをしたりするのを止めるための仕組みを開発したと発表した。簡単にいえば，AIに非常停止ボタンを埋め込むという仕掛けである。

　具体的には，AIが人間に害を与えようとした場合，その行動を人間が強制的に停止したり変更したりできるようにする。ただし，非常停止がAIにとって不利なものである以上，単に非常停止ボタンを設けただけでは，AIが自らそのスイッチを作動しないようにしかねない。

　そこでポイントになるのが，人間に害を与える行動をしないことを，いかにも自分で判断し，自律的に決定したかのようにAIに思わせることだ。つまり，AIをだますのである。そうすることで，非常停止ボタンの無効化を防ぐことができる。

　けっしてAIに悪意がないとしても，人間を傷つける可能性は皆無ではなく，安全性を考える必要はある。ただ，そうしたリスクがあるとしても，AIを活用することが人間の生活に大きなメリットとなることは間違いない。あくまでも活用することを前提として，懸念されるリスクを解消していくことが重要だ。

（水野操『人工知能は私たちの生活をどう変えるのか』青春出版社　を参考に作成）

問1　現時点でのAIの特徴として，正しいものはどれですか。　　　　23

1．ほぼ人間と同じように行動できる。
2．既にコントロールができなくなっている。
3．機能が特定のものに限定されている。
4．すべての面で人間の能力を超えている。

問2　下線部「手を打つ」とありますが，何に対して「手を打つ」のですか。　　24

1．AIが暴走するかもしれないこと
2．AIの能力が人間の脳を凌駕すること
3．AIに非常停止ボタンを埋め込むこと
4．AIの進歩が止まってしまうこと

問3　「AIの非常停止」ということについて説明したものとして，正しいものはどれですか。
　　　　25

1．AIが非常停止命令に逆らうことはありえない。
2．非常停止ボタンを押すのはAI自身である。
3．非常停止の際，AIは自分の意思で停止したと思っている。
4．AIには自動的に非常停止する機能が組み込まれている。

第 ⑩ 回　模擬試験

解答時間：70分

10

記述問題は，二つのテーマのうち，<u>どちらか一つを選んで</u>，記述の解答用紙に書いてください（解答用紙には，テーマの番号を書く必要はありません）。

　　文章は横書きで書いてください。

　　解答用紙の裏（何も印刷されていない面）には，何も書かないでください。

　　読解問題は，問題冊子に書かれていることを読んで答えてください。

　　選択肢１，２，３，４の中から答えを一つだけ選び，読解の解答欄にマークしてください。

記述問題

　以下の二つのテーマのうち，<u>どちらか一つを選んで</u> 400～500字程度で書いてください（句読点を含む）。

① 　多くの人は，嘘をつくことは相手をだまし，傷付ける行為であり，また自身の信頼を傷付けるものであるから，よくない行為だと考えます。
　　しかし，どのような場合でも嘘は許されないのでしょうか。嘘が許容される場合について，例を挙げながら具体的に述べなさい。

② 　近年，ウェブ上で学習できる仕組みが 著 しく発展してきています。このような傾向が続けば，学校はいらなくなるのではないかと言う人もいます。
　　しかし，本当に学校はいらなくなるのでしょうか。ウェブ学習の仕組みが発達しても，なお学校が必要である理由について，例を挙げながら具体的に述べなさい。

読解問題

I 次の文章は，研究室リニューアルのお知らせです。内容と合っているものはどれですか。

1

美学研究室リニューアルのお知らせ

この度，美学研究室を大幅にリニューアルいたしました。今までに比べ，より過ごしやすく，より勉強しやすい環境に生まれ変わりました。リニューアルしたのは以下の5点です。

- ・歓談スペースを設けました。軽いものなら飲食も可能です。
- ・机と椅子を可動式のものに新調しました。
- ・*演習室としても利用できるように，ホワイトボードおよびプロジェクタースクリーンを設置しました。
- ・本棚を増設しました。
- ・PCの数を10台に増やしました。

リニューアルに伴い，利用ガイドラインにも若干の変更があります。

- ・原則私語厳禁だが，研究に関する話は歓談スペースでしてもよい。
- ・研究スペースでの飲食はこれまで通り厳禁。
- ・PCの利用時間は一人1時間に延長。

過ごしやすくなった研究室で，今まで以上に研究，勉学に励みましょう。

＊演習：話し合いながら進める授業の形式

1．新たな研究室では，どこでも飲食が可能になった。
2．以前は，研究室では演習ができなかった。
3．PCの一人当たりの利用時間が短くなった。
4．研究室は大きな部屋に移転になった。

II 次の文章で，筆者は，人間が他の動物とは異なり，多様性を持つのはなぜだと言っていますか。

2

　みんなが思っているほど，人と人との間の遺伝的な差異は大きくない。人間，誰しも似たようなものだといえば似たようなものなわけだ。いろいろな違いがあるのは，人間の場合は遺伝子だけでは行動が決まらないからだ。脳が大きくなって，脳の可変性というか，フレキシビリティ（柔軟性）がすごく高いので，同じ遺伝的な組成は持っていても，違うことをいくらでもする。他の動物は頭の中でいろいろなことができるという後天的な幅が狭いから，遺伝的に似ていると，もう同じことしかしない。人間は遺伝的に似ていても，かなり違うことができるというのは，たぶん人間は遺伝子だけではなくて脳にも支配されているからだろう。脳の発生はかなりエピジェネティックに（後天的に）決まるので，人間の場合は遺伝的な組成の違いが小さくても，文化は多様だし，行動パターンも多様になった。いろいろな文化や行動パターンだけではなくて，何を考えているかということも，かなり多様である。

（池田清彦『人間，このタガの外れた生き物』KK ベストセラーズ　を参考に作成）

1．人間はその土地ごとにさまざまな文化を生み出してきたから
2．人間の遺伝子は人それぞれ大きく異なるから
3．人間は脳の可変性のおかげで行動の幅が広くなったから
4．人間の大きな脳は思考の後天的な幅を狭めるから

III　次の文章で，筆者が考える「よいアウトプット」とはどのようなものですか。　　3

　よく「単純に考える」と言うと，「深く考えない」と同じだと誤解する人がいますが，実はここには大きな違いがあります。「単純に考える」ことでシンプルなアウトプット（レポートやプレゼンテーション）をするためには，収集した膨大な情報を基にして，「要するにこれはどういうことなのか？」ということを徹底的に考え抜くことが求められるからです（「深く考えない」は「単純に考える」ではなく「短絡的に考える」とでも言えます）。

　単純に考えるためには「やわらかい頭」が必要です。この「やわらかい頭」とは知識を再構成する力のことであり，単に知識を膨大に有していることとは，全く違う能力が求められます。「博識である」ことは，もちろん知的な能力として尊敬に値するものの，「考える力」とは直接関係ないばかりか，状況によっては逆に焦点がしぼりにくくなる可能性があるという点で，「頭が固くなる」危険性もはらんでいます。

（細谷功『やわらかい頭の作り方』筑摩書房　を参考に作成）

1．収集した情報を自分なりに再構成した結果を出す。
2．情報を自分の直感を頼りに解釈した結果を出す。
3．情報をたくさん集め，それをそのまま発表する。
4．自分の頭だけで作り上げた独創的な考えを発表する。

IV　次の文章で，筆者は，漢字を「描く」とはどういうことだと言っていますか。　4

　絵画はどこから描いても自由です。人物を描いてから背景を描いても，背景を描いてから人物を描いても自由ですし，絵画を鑑賞する側も自由です。背景には目もくれず，人物だけに注目しても咎[とが]められることはありません。

　しかし，書道は絵画のように自由にはやれません。たとえば，欧米の人が，漢字の文章を見よう見まねで写そうとするとどうなるか，想像してみてください。彼らは，漢字の意味や読み方，言葉の背景を知らないばかりか，書く順序や方向もわからないのです。縦書きなら，上から順に書くことがなんとなくわかるでしょうけど，横書きだと，左から書くのか右から書くのかもわかりません。

　この場合，彼らは「書いて」いるのではなく，「描いて」いるのです。造形だけを追っていることになります。書ではなく，どちらかといえば絵画表現に近いものでしょう。それは，漢字のようであって，漢字ではありません。

（松宮貴之『なぜ書には，人の内面が表われるのか』祥伝社　を参考に作成）

１．漢字を芸術表現として書くこと
２．漢字を単なる線の集合体として書くこと
３．漢字の意味を理解した上で，正しい順序で書くこと
４．手本を見ながら，漢字を書き写すこと

　「怒り」は動物の「縄張り」行動にその起源を求めることができると戸田は論じます。「縄張り」を防衛することは自らの生存に役立ちます。他の種の強大な相手とでは明らかに負ける可能性があって，立ち向かうことは*適応的とは言えません。しかし同種の他個体との間であれば，死にものぐるいで闘った者，あるいは意気込みの強い者の方が勝つ可能性が高いと考えられます。「怒り」はその行動を動機づける，という意味で適応的な心の働きだと考えられるのです。

　ヒトの場合には，司法制度が整備されていないような野生の環境下では，自分の「権限の範囲」に侵入しようとする相手を撃退するために，私たちは「怒り」を喚起したと考えられます。侵害者を罰するよう動機づけられることは，自らの生存可能性を高めるという適応的意味がありました。…（略）…実際に闘って傷つけ合うことよりも，感情を表出することによって相手行動を制御する，警告機能により意義があったのかもしれません。

（亀田達也・村田光二『複雑さに挑む社会心理学』有斐閣）

　＊適応：自分や血縁者が生存する確率を高めること

１．相手を逆上させることもあるので，怒りには注意を要する。
２．怒りによる威嚇によって，闘わずして相手を退けることができる。
３．怒りは他種の強大な相手をも打ち負かす原動力となる。
４．司法制度が整備されてからは，ヒトは怒りを禁じるようになった。

Ⅵ　次の文章で，筆者は，西洋近代の科学の素晴らしい点は何だと言っていますか。

　嘘か本当かは知りませんが，ニュートンがリンゴの落ちるのを見て引力の存在を考えたと言われていますね。そのときに，私のリンゴだから落ちたとか，あなたのリンゴだから落ちないとか，そういう話にはならない。ニュートンであるとか誰であるとかということとは関係なく，リンゴは落ちるのです。「私」という存在と，観察する対象の間に，ものすごくはっきりした切断があるのです。これを徹底してやり抜こうとしたところが，西洋近代の素晴らしいところでもあります。

　西洋人というのは，本当にこの点をピシッとやり抜いて，実験するということを思いついたわけですね。つまり，落下なら落下の実験をするときに，「私」はそこから切れていますから，私が実験しようが，誰が実験しようがかまわない。そこから法則を見いだすと，もはや「私」は関係ありません。普遍性を持っています。ニュートンが考えたような力学の法則は，相当普遍性を持っています。この方法を西洋近代の科学は確立したわけです。

（河合隼雄『「日本人」という病』静山社）

１．徹底した法則化を目指す点
２．実験を重視する点
３．誰でも理解できる点
４．観察者を対象から切り離す点

VII　下線部「頑張るのが面倒くさい」とありますが，このような状態になる理由として
　　適当でないものはどれですか。　　　　　　　　　　　　　　　　　　　　　　　7

　　何事も面倒くさい状態にみられやすい兆候は，頑張るのが面倒くさいということだ。第
三者的に見れば，能力もある，時間もある，チャンスもある，やればできるのに，やろう
としない。そこを踏ん張れば，物事が有利な方向に運び，チャンスが広がるとわかってい
ても，それをやらない。事態は悪化し，手におえない状況になってしまうのを，放置して
しまう。そして，もうダメだと諦めてしまう。
　　…（略）…
　　こうしたときの心理状態の特徴の一つは，どうせダメだ，うまくいかないと，先に結論
づけてしまうことだ。その結論は，まったく根拠がないものだが，心が勝手にそう思って
しまう。どうせうまくいかないのなら，最初から何もしない方がましだということになる。
無駄なことをして傷つきたくないという心理が働いている。
　　…（略）…
　　何もする気になれないのだが，この状態のときに，多くの人が異口同音に口にするのが，
「自分が何をやりたいのかわからない」とか「特にやりたいこともない」というセリフだ。
当人はやりたいことが決まらないので，動きようがないと感じている。まだ確信がもてな
いことをして，失敗したくないという気持ちもある。

（岡田尊司『生きるのが面倒くさい人』朝日新聞出版）

１．自分がやりたいことが分からないから
２．失敗して傷つくことを恐れているから
３．どうせうまくいかないと諦めているから
４．自分には能力がないことが分かったから

VIII　次の文章で，筆者は，映画を見ることの意味は何だと言っていますか。　　8

　　映画を見るという行為は，たんなる時間つぶしや気晴らしには終わらない。ときには，派手なアクション映画を見て，スカッとした気分を味わいたいと考えることはあるかもしれないが，その際にも，主人公が敵と戦う動機に僕たちが共感できなければ，それはただの残酷な殺しあいに終わり，後味は決していいものにはならない。やはりそこに何らかの不在を埋めようとして展開される人間的なドラマがなければ，アクションの要素だけではおもしろいと感じないのである。
　　僕たちは人生の節目における通過儀礼を経て，新しい自分に生まれ変わっていく。映画はその生まれ変わりの過程をドラマとして描くことによって，人生のモデルを示すとともに，人生の意味を解釈するための枠組みを示唆してくれる。その点では，映画を見るという行為自体も，通過儀礼の意味を持っている。僕たちは，映画とともに一歩ずつ大人への道を歩んでいくことになるのではないだろうか。

（島田裕巳『映画は父を殺すためにある』筑摩書房）

1．主人公の生まれ変わりのドラマを見ることによって，自分も成長する。
2．主人公が敵を倒すストーリーが，気分をすっきりさせてくれる。
3．非現実的な世界を疑似体験することによって，日常が更新される。
4．何が善で何が悪かということについての判断基準を与えてくれる。

IX　次の文章で筆者が述べるところによれば，電話が家庭空間の中心部に移動すると，どのようなことになると考えられますか。

9

　もともと電話は，従来の家庭空間の側からみるならば，見知らぬ第三者の声が家庭のなかに侵入してくる戸口に当たっていました。またそれは，家族の誰かがそっと声で外とつながっていくことのできる窓でもありました。つまり電話は，声という次元で家庭が外の社会と交わる出入口をかたちづくっていたのです。ですから当初，このような「戸口＝窓」としての電話が，しばしば物理的にも家庭と社会が接する玄関口に置かれていったことには，それなりの理由があったわけです。共同体としての家族は，このようにして外部の社会との接点を空間的に限定することにより，見知らぬ他者が家庭のなかにどこからでも入れるようになるのを避けていたのです。

　ところが，この電話の位置が，電話利用の日常化とともに，しだいに応接間や台所，リビングルームへと移動していきます。つまり，家庭空間のより中心部へと侵入していくのです。

（吉見俊哉『メディア文化論』有斐閣）

1．いろいろな人が家にやって来るようになる。
2．電話を家族の誰もが使えるようになる。
3．見知らぬ他者の声が家庭のなかに侵入してくる。
4．電話の利用が増え，家族同士の会話が減る。

X　次の文章の（　A　）に入るものとして，最も適当なものはどれですか。　　　10

　18～19世紀に，ヨーロッパを中心に産業革命が始まりました。化石燃料から大量のエネルギーをとり出し，それをもとに多くの人工物質が合成されるようになります。化石燃料の使用は，温室効果ガスの大量排出や，大気・水の汚染などを引き起こしましたが，当初はそれらの汚染が文明の象徴として捉えられました。

　しかし，人類に影響を及ぼし始めると，公害問題として扱われるようになり，さらに，地球環境が一気に悪化したことにより，はじめて環境問題として認識されるようになりました。つまり，環境問題の「始まり」とは，（　A　）時期なのです。

（左巻健男監修『読んでなっとく地球の疑問』技術評論社　を参考に作成）

1．人類がその問題を認識した
2．産業革命が始まった
3．科学が過剰に進歩し始めた
4．文明に終焉の危機が訪れた

XI　次の文章を読んで後の問いに答えなさい。

　さまざまな文化の人たちと出会い，仕事をしてきて感じるのは，異文化とは，<u>自分への挑戦</u>であり，世界への広がりを与えてくれるものだ，ということだ。

　それまで空気のように何とも感じていなかった自分の感じ方，考え方，行動などが，異文化の人たちと出会うと，突如として問題となり，相手との間で調整をしなければならなくなる。自分にいつまでもこだわっていたら，この調整はしにくい。「自分を変えてまで相手には合わせたくない」と思えば，それ以上のお互いの関係の発展はなくなる。

　自分の文化がいいとか，相手の文化が悪いとか，あるいはその逆だとかいう問題ではない。異なる文化を持った人同士が出会った時には，双方が，自分の文化にこだわらず調整していかなければならない。この調整は，自分が持っている文化的なものを全く変えてしまうものではない。ちょうど役者が劇のなかでいろいろな役を演ずるのに似ている。本当の自分は変わらずに，その時に応じて役まわりが変わっていく。日本的なものを捨てなければ，いろいろな文化の人たちとやっていけない，というのではない。

（渡辺文夫『異文化のなかの日本人』淡交社　を参考に作成）

問1　下線部「自分への挑戦」とありますが，何が試されているのですか。　11

1．過去の自分を変えられるかどうか
2．自文化へのこだわりを調整できるかどうか
3．異文化の人と会話を成り立たせることができるかどうか
4．自分の文化をきちんと説明できるかどうか

問2　異文化の人と付き合う際に必要なことはどれですか。　12

1．相手に合わせて振る舞いを変える。
2．自分の文化をいったん捨てる。
3．完全に相手の文化に同調する。
4．文化の相違について話し合う。

XII　次の文章を読んで後の問いに答えなさい。

　科学者というと，何十桁という数値を計算しているような，すごく緻密に考える頭の固い人だと思われがちですが，実は非常に柔軟性に富んでいます。何かある理論で説明できないような現象にぶつかると，また別の理論を作って説明しようとします。（　Ａ　），新しい理論が次々と登場することになります。ある理論がしばらく有効であっても，説明のできない新しい事実が出たら，また別の理論に席を譲ることになるのが当然です。

　ところが疑似科学を主張する人は，往々にしてそうした柔軟性はなく，１回言ったら決して変えません。そしてその主張をあえて綿密に調べない，調べたがらない傾向があります。つまり検証に消極的なのです。

　例えば，水に悪い言葉を浴びせると水が反応してその構造を変える，といった主張の本が続々と出版されました。通常は信じられない現象であり，万一本当なら，これまでの常識を打ち破る大発見となります。ですから，もし著者が本当の科学者なら，現象の再現性を検証し，実現する条件を精査した上で論文を出版するはずです。ところが，少なくとも私はそのような論文を見たことがありません。

　いったん主張したことを綿密に検証しない態度は，疑似科学を主張する人々に共通する特徴です。

（下村裕『卵が飛ぶまで考える』日本経済新聞出版社）

問1　（　A　）に入るものとして，最も適当なものはどれですか。　　　13

1．あるいは
2．しかし
3．そのため
4．むしろ

問2　筆者は，科学と疑似科学の違いはどこにあると言っていますか。　　14

1．法則化できるか，できないか
2．検証をするか，しないか
3．緻密に考えるか，考えないか
4．常識的か，非常識的か

XIII　次の文章を読んで後の問いに答えなさい。

　社会に飛び出していく学生たちに大学の教室での勉強から逃げてほしくないと思うのは，大学で勉強する知識はいま彼らが直面している社会や現場での問題に即座に役立たないにしても，長いスパンで問題に取り組んでいけば，どこかで役立ってくることがあると考えるからである。どのような次元の問題に取り組むかにもよるから一概にはいえないが，少なくともどこかで何らかのかたちでつながる可能性をもっている。勉強とはその可能性，ひいては自分の発展可能性を信じておこなうものである。

　結局のところ，大学での勉強が将来とどうつながるかわからない，学んだ知識が社会に出てから役に立たないなどと不満をもらす者は，ある問題について自分の頭で考えるということをしたことがないのだと私は思う。知識と知識，社会や現場の問題と知識とをつなげるのは個人である。この作業をしない者に，知識の有用性をいくら説いてもわからない。問題は何でもいいのである。ある問題についていったん自分でものを考えてみるといい。そうすると，自分がいかにものを知らないか，知識がないかがよくわかる。そうなると，どんな知識でも，学べるものは学べるときに学んでおこうという意識になる。こういうモードになると，大学ほど楽しい場はない。

（溝上慎一『大学生の学び・入門』有斐閣　を参考に作成）

問1　下線部「その可能性」とは，具体的にどのような可能性ですか。　　　　15

1．大学を出ることが就職に役立つ可能性
2．その分野の専門家になることができる可能性
3．いやいや学んでいることが好きになる可能性
4．学んだことが社会に出てから役に立つ可能性

問2　知識の有用性を知るには，どうすればよいと筆者は言っていますか。　　　16

1．意味は考えずひたすら知識の獲得に励む。
2．知識が将来役に立つことを信じる。
3．ある問題について自分の頭で考えてみる。
4．現実社会は知識通りではないことを体験する。

XIV　次の文章を読んで後の問いに答えなさい。

　何が流行を生み出す条件なのだろうか。

　それは大衆の欲望ではない。ファッションは，ソニーのウォークマンのように，まず流行が作られてから，大衆がそれを欲望するのだ。しかし，まだ形にならない大衆の欲望がファッションを成り立たせていることも事実だ。

　流行を生み出す条件とは，ある程度の豊かさと，自由である。近代以前のヨーロッパでは，階級ごとに着ていい衣服の色などが決まっていた。日本の仏教の法衣も厳格な決まりがある。そういう時代やシステムにおいては，流行は生まれない。

　近代になって，ぼくたちはたくさんの自由を手にした。何を着てもいい服装の自由もその一つである。それが，流行を生み出す条件である。自由がなければ流行は起こりえない。そして，流行は人々の新しい欲望や哲学を生み出し，それに形を与える。

　それが流行というものだから，乱暴なことを言えば，ファッションは去年とちがえばそれでいい。思想はあとからついて来る。特に大きな被害を受ける人もいないさしたる罪のない現象である。それでファッション業界が成り立って雇用が保たれるのだから，プラス面も大きい。

　ファッションの流行をバカにする人もいるけれど，それで人々が「自由」を形にして身に纏うことができるのだから，ぼくは悪くはないと思っている。

（石原千秋『生き延びるための作文教室』河出書房新社）

問1　ファッションの流行についての説明として，適当でないものはどれですか。　17

1．社会にある程度の豊かさがないと，流行は生まれない。
2．流行しているものは，人々にそれが欲しいと思わせる。
3．何を着てもいいとなると，好みが分散し流行は生まれにくい。
4．どんなものが流行するかということに，深い理由はない。

問2　筆者は，ファッションの流行についてどのように考えていますか。　18

1．それを通して，自由と豊かさを享受できていることに感謝すべきである。
2．自分が流行に乗せられているということに気づいていれば，悪くない。
3．何らの生産性をも生み出さない，狂乱的な事象である。
4．人々が自由を享受している証であり，否定すべきものではない。

XV　次の文章を読んで後の問いに答えなさい。

　昔は,「ちょっと変わっている」ところが, いじめのきっかけとなり得ていた。だから
いじめはもっと見えやすかった。そしていじめの始まった原因が明らかなハンディキャッ
プであったり, 身体的特徴であったりすれば, 逆に子どもたちに, 罪悪感を抱かせること
は難しくなかった。そのハンディをその子の持っているハンディとして, いじめている側
に自覚させることで, 子どもたちに,「可哀想だ」という気持ちを抱かせることはできる。「弱
いところがある子をいじめている」という自覚を持たせるのである。…（略）…

　しかし, 大人たちが少しでも異質と思われるものを排除してきたことで, クラスという
名の子どもたち集団は無個性で, 同質で, 画一的な子どもたちの集まりとなった。

　…（略）…

　そしてそれぞれの子どもたちが同質で画一的になったことで, ターゲットは誰でも良く
なった。些細なことがきっかけとなり得る。その日, その時の瞬間的な発言や行動がいじ
めのきっかけとなる。誰もが被害者になり得るのだ。

　子どもたちは,（　Ａ　）雰囲気のクラスの中でいじめのターゲットになることにおび
えている。良い意味で目立てればよいけれど, 下手をすれば浮いてしまう。馬鹿にされる。
嫌われる。こんな不安を抱えながら子どもたちは毎日生活している。

　だから一度いじめが始まれば, 全員が積極的に加害者になる。自分が被害者にならない
ために。加害者にならなければ自分が被害者になる。それが現代のいじめなのである。

（山脇由貴子『モンスターペアレントの正体』中央法規出版　を参考に作成）

問1　（　A　）に入るものとして，最も適当なものはどれですか。　　　　　　　19

1．異質を排除する
2．生気の欠けた
3．互いに無関心な
4．表面的には良好な

問2　昔と今のいじめの違いは，どのような点にありますか。　　　　　　　　20

1．大人が関わっているかどうか
2．いじめの方法が陰湿かどうか
3．いじめのきっかけがあるかどうか
4．いじめの標的が固定的かどうか

XVI　次の文章を読んで後の問いに答えなさい。

　ファクト（事実）を取り扱う際には，複数の数字・データとを組み合わせて比較し，分析する必要があります。相互検証が可能となれば，そのファクトは圧倒的な力を持ちます。複数のデータにあたり，比較など辛抱強い作業を通じてはじめて事実が見えてくるのです。

　たとえば「お客様の声」は，統計処理をしてはじめてファクトになります。

　トップが，「こんなお客様の声を直接聞いた」からということで，なんらかの意思決定をし，社員に指示を出すということはありがちですが，経営にとっては，おそらくあまりいいことではないと思います。ひとりのお客様の声から，なんとなく類推したようなものはファクトではありません。それが多くのお客様が考えていることと同じであるかどうかがわからないからです。トップの印象で，お客様の声自体を捻じ曲げて記憶している可能性すらあります。

　しかし，コンタクトセンターに届いたクレームを丁寧に統計処理して，たとえば契約のメンテナンスに関するクレームが100件あったというなら，これはかなりファクトに近いとみなすことができます。そこではじめて，メンテナンスサービスに問題があるから改善しようという話になります。

　ファクトとして取り扱うためにはきちんと分析することが必要なのです。お客様の声は，そこから仮説を導き出すのにとても役に立ちます。複数のお客様が「メンテナンスに関する問い合わせ先がわからなかったので，面倒くさくなって他社に乗り換えてしまった」と言っているのを聞いたら，「問い合わせ先がわかりにくいために他社へ流れているお客様が多い」といった仮説を立て，それについてアンケートをとるなどして事実を確認し，ファクトの精度を高めていくことが肝心です。

（出口治明『早く正しく決める技術』日本実業出版社）

問1 この文章の構成についての説明として，最も適当なものはどれですか。 21

1．お客様の声の取り扱いに関して，良い例と悪い例の二つを紹介している。
2．具体例を交えて，主にファクトの取り扱い方に関して自説を述べている。
3．統計処理に関する一般論の誤りを，エピソードを用いて論証している。
4．統計データを用いながら，経営者としての心構えを説いている。

問2 この文章の内容と合っているものはどれですか。 22

1．客観的な分析データよりもトップの個人的な情報の方が正しいことが多い。
2．ファクトを導き出すために用いるデータは，あまり多過ぎるのも問題だ。
3．意思決定は，データ分析から得られたファクトに基づいてなされる必要がある。
4．アンケートはその人の主観的意見に過ぎず，データとして用いることはできない。

XVII　次の文章を読んで後の問いに答えなさい。

　「スロー・リーディング」とは，一冊の本にできるだけ時間をかけ，ゆっくりと読むことである。鑑賞の手間を惜しまず，その手間にこそ，読書の楽しみを見出す。そうした本の読み方だと，ひとまずは了解してもらいたい。スロー・リーディングをする読者を，私たちは，「スロー・リーダー」と呼ぶことにしよう。

　一冊の本を，価値あるものにするかどうかは，読み方次第である。たとえば，海外で見知らぬ土地を訪れることをイメージしてみよう。出張で訪れた町を，空き時間のほんの1，2時間でザッと見て回るのと，1週間滞在して，地図を片手に，丹念に歩いて回るのとでは，同じ場所に行ったといっても，その理解の深さや印象の強さ，得られた知識の量には，大きな違いがあるだろう。旅行は，行ったという事実に意味があるのではない（よくそれを自慢する人もいるが）。行って，どれくらいその土地の魅力を堪能できたかに意味がある。

　読書もまた同じである。ある本を速読して，つまらなかった，という感想を抱くのは，忙（せわ）しない旅行者と同じかもしれない。じっくり時間をかけて滞在した人が，「えっ，あそこにすごくおいしいレストランがあったのに！　行かなかったの？　あそこの景色は？　えっ，ちゃんと見てないの？」と驚き，不憫（ふびん）に感じるのと同じで，スロー・リーダーが楽しむことのできた本の中の様々な仕掛けや，意味深い一節，絶妙な表現などを，みんな見落としてしまっている可能性がある。速読のあとに残るのは，単に読んだという事実だけだ。スロー・リーディングとは，それゆえ，（　A　）読書と言い換えてもいいかもしれない。

　丁寧に本を読むという意味では，昔から，「熟読」，「精読」といた言葉があるが，スロー・リーディングは，そうした読書態度を包括するものとして理解してもらえればよいだろう。その方法の一つとして，書き手の視点で読む，書き手になったつもりで読む，という読み方がある。

　私がこの読書法をおすすめしたいのは，私自身が，作家になる前となった後とでは，本の読み方が変わってきたこと，それによって本に対する理解が深まったことを実感しているからである。中学，高校時代に，単に一読者として小説を読んでいた頃には気がつかなかった様々な仕掛けや工夫に注意を払うようになってから，私は改めて，読書は面白いと感じるようになった。そして，私だけではなく，実は作家の多くは，他人の本を読むときにも，やはり書き手の視点で読む，という作業を行なっているのである。

（平野啓一郎『本の読み方』PHP研究所　を参考に作成）

問1　下線部「読書もまた同じである」とありますが，何と何が同じなのですか。 23

1．短時間で町を見て回ることと，速読で本から最大限のものを得ようとすること
2．その土地のいろいろなものを見て回ることと，本を読んで知識を得ること
3．その土地の魅力を十分に味わうことと，本には様々な読み方があること
4．丹念に旅行先の町を歩いて回ることと，時間をかけて本を読むこと

問2　（　A　）に入るものとして，最も適当なものはどれですか。 24

1．損をしないための
2．読むことが好きになる
3．自己を作り上げる
4．忙しい人のための

問3　書き手の視点で本を読むことの利点として，適当でないものはどれですか。 25

1．読書は面白いと感じられるようになる。
2．自分の書く能力が高まる。
3．さまざまな仕掛けに気づくことができる。
4．本に対する理解が深まる。

解 答 ・ 解 説

〈解答〉

出題形式	解答番号	正解	出題形式	解答番号	正解	出題形式	解答番号	正解
1文1問	1	③	1文2問	11	①	1文2問	21	④
	2	④		12	③		22	④
	3	②		13	③	1文3問	23	①
	4	③		14	④		24	②
	5	①		15	②		25	③
	6	②		16	①			
	7	④		17	④			
	8	④		18	①			
	9	③		19	②			
	10	②		20	①			

〈解説〉

I

選択肢の吟味

1　第5土曜日は休みなので×。3回目は5月の第1土曜日に開催される。2「超過した場合は，広い部屋に代えて開催いたします」とあるので×。3「俳句（春の季語・二句）を明記の上」とあるので○。4「各自提出の句を講師が公開で添削いたします」とあるので×。

II

解答の根拠

・「僕たちの「いのち」や「生活」を守るための方法をみんなで考え，それに必要なお金を税金として払う」
・「財政は，社会のメンバー全員のいのちや生活を守るためにある」

選択肢の吟味

上の二つの要素を満たしているのは4だけ。

III

解答の根拠

・「何の音も聞かせずに育てていくと，繁殖期が来てもさえずらない」
・「親のさえずりを聞かせないで育てると，大人になってもさえずれない鳥ができてしまう」

選択肢の吟味

「さえずり」は遺伝的に備わっているわけではないのだから，「学習」しなければならない。よって，2が正解。

IV

解答の根拠

・「今はまだ使えなくても，いつか使う日が来たときのために，そういうものをどんどん蓄積しておかなければいけない」

選択肢の吟味

上の要素を満たしているのは3だけ。

V

選択肢の吟味

1「この人がこういう欲望を持ったのは，これこれこういう理由からだと言い切ることはできない」，「個々人の欲望は決してその生まれや育ち，環境などに還元することはできない」の言い換えになっている。2「すべて」が言い過ぎ。3「動物と違って人間にはもともとの欲望の形というのはありません」に反する。4　このような一般化はされていない。「常に」が言い過ぎである。

VI

解答の根拠

・「似たようなモノがあふれている売場から，自社製品を手に取ってもらうには，他社製品との明確な差異を作り，それを伝える必要がある。ここで重要な役割を担うのがブランドの"コンセプト"である」
・「コンセプトが明快で，かつ生活者にきちんと伝わっていれば購入の際の情報処理は簡潔になり，生活者は迷わずに自社ブランドを選んでくれる」

選択肢の吟味

上の要素を満たしているのは2だけ。

VII

解答の根拠

・「美は，何かを判断するときに，力になるのです」

選択肢の吟味

上の要素を満たしているのは4だけ。

VIII

解答の根拠

・「日本に住んでいる子どもならだれでも，大人になるまでにこの言葉を使えるようになる必要があると考えられている」
・「国語の時間を通じて，日本語というひとまとまりの言葉があること，そして，日本語という共通の言葉を読み，書き，話す私たちは，日本という国の一員として同じであることを，学んでいる」

選択肢の吟味

１・２・３は上の要素の記述に合致する。４の「しかない」は明らかに誤り。

IX

解答の根拠

・「歩き慣れていない京都の「哲学の道」を歩くと，私はキョロキョロと周りの風景に目を奪われてしまって，脳がリラックス出来なくなってしまいます。つまりリアルタイム・オンラインで，時々刻々と周囲から入ってくる情報の処理に脳が手いっぱいの状態になっている」

選択肢の吟味

上の要素を満たしているのは３だけ。

X

解答の根拠

・「言葉を見つける能力か，さもなければその能力はあるのに，見つけ出す努力が足りないだけのこと」

選択肢の吟味

上の記述から「言葉を見つける能力（言葉を見つけ出す努力）」が足りないから，「言葉でなんでもできる」という状態に至らないということが分かる。ということは「言葉でなんでもできる」ようになるためには，「言葉を見つける能力」を高めればよいということになる。よって２が正解。

XI

問１

解答の根拠

・「ある程度画一的であることは，みんな同じだねという安心感を与え，多くの人が共感しあえるというメリットがある」

選択肢の吟味

上の記述より，「制服＝画一的な服」を着た方が「安心だ」ということになる。よって１が正解。

問２

選択肢の吟味

本文全体の内容から３が正解。１「多様化をよしとする価値観が支配的になる」が誤り。２「画一的な社会では」が誤り。４「互いの共感を得ることはできない」が誤り。

XII

問１

解答の根拠

・「ふつうに考えれば，自然に対する人間の活動は，自然に悪い影響を与えるような気がします。それなのに，どうして生き物の数が増えるのでしょうか」

選択肢の吟味

上の疑問文の内容を踏まえているのは３だけ。

問２

解答の根拠

・「不安定な環境では，競争に強い生物だけが繁栄することはありません。そのため，競争に弱いさまざまな生物が生存できるチャンスができます。そして，結果として生物の種類は増えるのです」

選択肢の吟味

上の要素を満たしているのは４だけ。

XIII

問１

解答の根拠

空欄後の「本とレコードでは違う」は筆者とは反対の意見である。反対意見をいったん受け入れた上で，「だが」以降で自説を主張する「譲歩」の構造になっていることが読み取れたかどうかがポイント。

選択肢の吟味

「譲歩」を表す２「確かに」が正解。

問２

解答の根拠

・「急いで読んだ本に限って，あとに何も残っていない。そこでもう一度読み直さなければならないことになる。そして，改めてゆっくり読み直してみると，最初に読み飛ばしたそんな読書が何の意味も持っていない——どころか，全く読み違えていたことに驚くのである。こうなると，速読するよりは，読まないほうがましである」

選択肢の吟味

上の記述に合致している１が正解。

XIV

問１

解答の根拠

・「初めてヨーロッパの街を訪れたとき，窓辺に美しい花を飾っている都市の姿をみて感動した。それは，自分のためよりも「まち」全体のためだった。都市景観は市民がつくる作品になっていた」

選択肢の吟味

上の記述や本文全体の論旨から４が正解となる。１は「市民参加」というポイントが出ていないので弱い。

問2

解答の根拠

・「よりよい都市景観にするために，市民がバラバラではなくお互いに共通する目的に向かう意思が働けば，市民の協働作品になってゆく。一人一人は巨大な作品のパートを分担しているわけだ。抽象的・観念的な「市民参加論」ではなく，誰でも参加できる日常的な実践の場としてあるのが都市の景観づくりだ」

選択肢の吟味

上の記述に要素が三つ（1・2・4）出ている。よって仲間外れの3が正解となる。

XV

問1

解答の根拠

・「軸を立てるという作業が，実にクリエイティブなものであることがわかってきました」
・「軸を立ててはじめて分類が可能になる」
・「視点の獲得とかあたらしい考え方を生みだす作業が，実は軸を立てるという作業の支配下にあることがわかってきた」

選択肢の吟味

上の要素を満たしているのは2だけ。

問2

選択肢の吟味

1 最終段落の内容に合致。2 書かれていない内容で×。3 「文系・理系の区別はありません」とあるので×。4 正解を見付けるのでは，クリエイティブなものは生まれないが，そもそも，本文にない記述であるから×。

XVI

問1

解答の根拠

・「近くだけでなく，ときどき遠くを眺めること，これがつまり，自分の客観的な位置を測ることであり，これによって自分の立場を知ることができる」

選択肢の吟味

指示内容がそのままの形で書かれているわけではないが，上の記述から4が正解だと分かる。

問2

選択肢の吟味

本文全体の内容から4が正解。1 「喧伝する」とまでは書かれていないので×。

XVII

問1

解答の根拠

本来は「国家≠文化」だが，日本はほぼ「国家＝文化」に近いということである。よって，国家と文化の乖離は「小さい」ということになる。よって1が正解。

問2

解答の根拠

・「外国人が自己のアイデンティティを保ちながら，この国に受け入れられ，快く生活することが難しい」
・「息づまる思いがするのである」
・「つねに異質な存在として四方から凝視され，まるで動物園の檻の中にいるように感じてしまう」

選択肢の吟味

カタカナは外国語を表す時に使われることが多い。これは「ナリタ」が外国人にとって，外国語のままの存在，つまり「遠い存在」だということを表している。上の記述も考え合わせれば，2を選ぶことができる。

問3

解答の根拠

・「諸国との交流においては何一つうまく行かない。誤解され，危険視され，いつか世界中からつまはじきにされてしまうかもしれない，と不安にかられる。しかし，なぜこうなのかわからない。そこで異文化とのコミュニケーションが紙上をにぎわせることになる」

選択肢の吟味

上の記述から3が正解。不安だから，よく話題になるのである。

〈解答〉

出題形式	解答番号	正解	出題形式	解答番号	正解	出題形式	解答番号	正解
1文1問	1	③	1文2問	11	①	1文2問	21	④
	2	④		12	②		22	②
	3	①		13	③		23	①
	4	③		14	③	1文3問	24	③
	5	④		15	④		25	③
	6	②		16	②			
	7	②		17	①			
	8	①		18	③			
	9	③		19	①			
	10	②		20	④			

〈解説〉

I

選択肢の吟味

1 「出席 2 割，レポート課題 8 割とする」とあるので×。2 「全15回の講義のテーマの中から 1 つを選び」とあるので×。3 「締め切り厳守」とあるので○。4　40×30×5 ＝6000であるから「4000」は誤差があるにしても少な過ぎる。よって×。

II

解答の根拠

・「もしも自らを無神論者であると断言するのなら，宗教や神とはいったい何なのかを，その前に理解せねばならない。でも理解している日本人はとても少ない」

選択肢の吟味

上の要素を満たしているのは 4 だけ。

III

解答の根拠

・「彼らにとって社会は，われわれにとって通常そうであるのと同じように，ただそのなかで生きられるだけの，対象化以前の存在だった」
・「社会は，当たり前の事柄としてそれが体験されているかぎり，探究の主題とされることはありえない」
・「社会は，「発見」されないかぎりテーマ化されえない」

選択肢の吟味

「社会が発見されていない」➡「社会学は生まれない」

のだから，「社会が発見される」➡「社会学が生まれる」ということになる。よって，1 が正解。

IV

解答の根拠

・「主観的でありながら，ある普遍妥当性をもつ」

選択肢の吟味

「主観的」，「普遍妥当性」の二つの要素を満たしているのは 3 だけ。

V

選択肢の吟味

「X」➡「絵画として描かれた木や草を不自然であると判断できる」となる，「X」は何かを考える。正解は 4 。

VI

解答の根拠

・「メディアに載ることが，暗黙のうちに価値を認められたということであり，載らないような情報は価値がない」

選択肢の吟味

2 は上の要素を反映している。3 「一つの価値観に染め上げようとする」は言い過ぎ。そのような意図がメディアにあるとは書かれていない。

VII

解答の根拠

・「もし自然の猛威が襲ってきたら，どのようなことが私たちにおきるのか，どう対処したらよいのか，生き延びる術を，できるだけの想像を働かせて考えておくことが大切です」
・「自然の猛威が差し迫ってきたとき，何をするべきか，それを考え，備えておくことが必要です」
・「想像を働かせていざというときに備えるためには，自然のメカニズムを正しく理解しておくことが必要です」

選択肢の吟味

筆者の最も言いたいことは上に挙げたものである。これらの要素を満たしているのは 2 だけ。

VIII

解答の根拠

冒頭から，0 歳，1 歳，2 歳のそれぞれの発達段階においてふさわしい遊びとおもちゃについて説明がされている。

上の内容を満たしているのは 1 だけ。

IX
解答の根拠 ▶

・「人間に対して極めて有害な微生物であれば対策が必要です」

・「人間は微生物を選択して有効にその手助けをして貰い，有用な物質に変換しているのです。これらの微生物をすべて抹殺する必要はないと思います」

選択肢の吟味 ▶

3 は「すべて」が言い過ぎで誤り。よってこれが正解。

X
解答の根拠 ▶

・「ある程度目的は同じだとしても，あくまでも偶然に出会うからこそ楽しい」

選択肢の吟味 ▶

上の要素を満たしている例は 2 だけ。

XI
問1
解答の根拠 ▶

空欄の前は「若者にはある種の野心が必要だ」，後は「ある程度の年齢になったら，出世欲は抑えたほうがいいだろう」となっているので，逆接（対比）が入るはずである。

選択肢の吟味 ▶

逆接（対比）を表すのは 1「一方」だけ。

問2
解答の根拠 ▶

・「若い時には出世という病に罹患し，野心ギラギラで仕事に励めばいい」

選択肢の吟味 ▶

上の要素を満たしているのは 2 だけ。1「出世は諦めない方がよい」が×。3 直接筆者が勧めている内容ではないし，「出世のために」という理由も×。4 最終段落の内容に明らかに反するので×。

XII
問1
解答の根拠 ▶

・「薬を飲めばとりあえず症状が抑えられるため，自分の生活習慣を改めることを先送りしてしまう」

選択肢の吟味 ▶

上の要素を満たしてるのは 3 だけ。

問2
解答の根拠 ▶

・「物事には必ず光と陰があるように，薬もまた症状を緩和するという光と副作用という陰を併せ持っているのです」

選択肢の吟味 ▶

上の要素を満たしているのは 3 だけ。「諸刃の剣」の言い換えがポイント。

XIII
問1
解答の根拠 ▶

・「「卓越した何か」を目の当たりにしたときに，自分の中にそうした卓越性を感じられない多くの子どもたちのルサンチマンが，原因の根っこにあることが多いようです」

選択肢の吟味 ▶

上の要素を満たしているのは 4 だけ。

問2
解答の根拠 ▶

・「自分がそんなルサンチマンの感情に囚われがちなときは「自分は自分，人は人だ」という，ちょっと突き放したようなものの見方をしたほうがいいと思います」

選択肢の吟味 ▶

2 は上の記述と合致しているので正解。

XIV
問1
解答の根拠 ▶

・「それ（＝行けないところに行けるようになる，持ち上げられなかった物が持ち上げられるようになる，作れなかった物も作れるようになる）を実現することを，科学技術は可能にしてくれたのです」

選択肢の吟味 ▶

1 は上の記述を正しく言い換えているので，これが正解。

問2
解答の根拠 ▶

・「科学技術の発展が累積的だということです」

・「自転車ができて速く遠くへ移動できるようになったら，次は，より速く，より大量に移動できるように改良したり，新しい道具を開発したりします」

選択肢の吟味 ▶

上の内容と同値関係になっているのは 3 だけ。「累積性」の説明になっているかどうかがポイントである。1 にも「積み重ね」という表現があるが，科学

と芸術が似ているという話題がここでくるのは唐突である。また，直後の「だから」の後の内容と因果関係を構成しない。よって×。3であれば，きれいな因果関係になる。

XV
問1
解答の根拠
・「ウツという病気に対してちょっと後ろめたいような気分に陥る必要もなく，ある程度オープンに治療に取り組める風潮になってきた」
・「「精神病理の治療」という，本人にとってはたいへん高かったハードルが以前よりもずっと低くなり，積極的にウツ病治療に取り組むことができるように変わってきた」
選択肢の吟味
上の要素を満たしているのは1だけ。
問2
解答の根拠
・「彼や彼女らは，ウツというラベルを自分に貼ってもらい，それで落ち込むどころか，自己満足するようなところがある」
・「メランコリックな人は知的であるといった自己愛的な心理があったり，ウツという記号を不安な心の一時的避難所として利用しようという無意識の働きがある」
選択肢の吟味
上の要素を満たしているのは4だけ。

XVI
問1
解答の根拠
・「世の中の常識や社会通念では，悪となっているけど，本当にそうだろうか，あるいは皆が当然のように善と考えているけど，何か変だな，むしろ悪とか善とか，そういう決めつけ方こそ問題がありそうだな」
選択肢の吟味
上の記述から，文学は「絶対的」な二分法的基準を突き崩そうとするものだということが分かる。よって4が正解。実際は，消去法で解くことになるだろう。1「役に立つ／役に立たない」という区分は「合理性」の有無に基づいているが，それを「区分が合理的に存在している」とは言わない。2「先天的」は生物現象について用いる語であるから×。

問2
選択肢の吟味
1「生活」を破壊するわけではないので×。2「世の中に流通している価値観への疑念」という記述に合致するので○。3「日常の当たり前に思える発想を揺さぶる」「日常を裂く破壊的要素を隠し持っている」とあるので，「現実への影響力はない」は×。4「役に立つ／役に立たない」という問題設定自体がよくないと言っているのだから，「文学が役に立つ」という考えも否定されるはずである。よって×。

XVII
問1
選択肢の吟味
1 オオカミに育てられた少女は，「歩き方の教育を受けていない」ので，二足歩行ができなかった，ということになる。よって，この例は「生まれた子供が立って歩くようになるには教育が必要」ということの例証として適当である。
問2
解答の根拠
・「私たちは半ば意識しつつ，意識的な整形をおこなって咳をしている」
・「私たちは自然の現象として咳をしながらも，自国の文明に従ってかすかにそれを整形し，一種の言語に近い記号に変えている」
選択肢の吟味
上の要素を満たしているのは3だけ。
問3
解答の根拠
・「生理現象といわれるものにしても，じつは幼児段階の教育によって，それぞれの文明のなかで違った発展をしてきました」
選択肢の吟味
上の記述と同内容のものは3である。2は惜しいが，上の「それぞれの文明のなかで違った発展をしてきました」という内容が反映されていないので，やはり3の方がよい。

〈解答〉

出題形式	解答番号	正解	出題形式	解答番号	正解	出題形式	解答番号	正解
1文1問	1	④	1文2問	11	④	1文2問	21	①
	2	③		12	②		22	③
	3	②		13	①	1文3問	23	④
	4	②		14	③		24	④
	5	④		15	②		25	②
	6	①		16	②			
	7	④		17	③			
	8	③		18	④			
	9	①		19	①			
	10	③		20	③			

〈解説〉

I

選択肢の吟味

1 写真が必須とは書かれていないので×。2「各学部の教務課窓口にて申請を行ってください」とあるので×。3 委任状が必須なので×。4 直接書かれてはいないが，手数料に関して記載がないということは，手数料は不要ということである。

II

解答の根拠

・「多くの入場者にとっては，見とれるための場所です。博物館よりも，美術館に近いでしょう」
・「魚類図鑑の立体版であったものを，観賞する場所に変えた」

選択肢の吟味

上の要素を満たしているのは3だけ。

III

解答の根拠

本文全体。同じ内容が繰り返されている。

選択肢の吟味

1・4 そのようなことは書かれていない。3「常識人」が×。正しくは「創造的人物」。

IV

解答の根拠

・「頼るべきは「私は何をして，誰に必要とされているか」という個人的アイテムだけだ」
・「いまは「100％個人アイテムで」となったわけだ」

選択肢の吟味

上の要素を正しく言い換えているのは2である。

V

解答の根拠

・「時代も置かれた立場も違う場合には，そこには非常に注意が必要です」
・「戦国時代の武将を現代のヒューマニズムで断罪しても無駄なことです」

選択肢の吟味

要旨をつかんでいるのは4だけ。1は内容的に誤り。2は書かれていない内容。3は誤りではないが要旨ではない。

VI

解答の根拠

・「嗅覚というのはもともとよいにおいをかぐためだけに存在するのではなく，よいにおいと悪いにおいをかぎ分け，自分が危険な状況におかれているのかそうでないかを判断するという，きわめて大きな役目を担っている」

選択肢の吟味

上の要素を満たしているのは1だけ。

VII

解答の根拠

・「心とは何かを分からなければ，どうすれば，心を持っているように見せられるのかも分からない。その答えを目の前で見せられたと思った」
・「この平田氏の演出をすべて記録し，どのような場合にどのような指示を出しているかを詳細に観察してルール化すれば，「心を持つように見えるロボット」の動作生成を可能にするプログラムを開発できるかもしれない」

選択肢の吟味

上の内容から「心」に関する記述が入ると推測できる。「心」に言及しているのは4だけ。

VIII

解答の根拠

・「その地域ならではの魅力を引き出し，様々な新しいスタイルの地域活動を生み出す起動装置」
・「地域に潜在している課題に触れ，それを超えようとする態度を示す手段でもあり，アーティストや住民が新しい視点や可能性を見出す現場でもある」
・「常識を超えた思いもよらぬ発想，意外なアイデアで，驚きのあるものごとを地域につくり感動を生

み出すこと」

選択肢の吟味

上の要素を満たしているのは3だけ。すべての要素が含まれているわけではないが，他の選択肢は内容的に誤っている。

IX

解答の根拠

・「「私とあなた」までいっていた子供たちを，「私とあなたたち」そして，「あなたたちと私」。「みんなの中の私」「大勢の中の私」。三人称にまで意識を広げる。一人称が二人称になり，二人称から三人称へと幅を広げていく」

選択肢の吟味

上の要素を完全に満たしているのは1だけ。「社会性」という言い換えを見抜けたかどうかがポイント。

X

解答の根拠

・「やせたからだ，スレンダーなからだが流行なのである。誰が強制しているわけでもないのに，わたしたちはみずからその流行に染まって，それに自分の身体をあわせようとする」
・「スリムな身体が美の規範になっている」
・「その美の規範に，わたしたちの意識はやすやすとからめとられてしまう。わたしたちは，その規範に対して強固な同一化願望をいだく」

選択肢の吟味

上の内容と合致しているのは3だけ。1「普遍的な根拠」はないので×。2「一時の流行」ではないので×。4「社会的に義務付けられている」わけではないので×。

XI
問1
解答の根拠

・「まだ誰も知らない，新しい法則を探し出すしかありません。暗闇の中を手さぐりで進むようなものですから，途中で諦めてしまう人も大勢います」

選択肢の吟味

下線部の「諦めない」と，上の記述の「諦めてしまう」は同じ事柄を対象としている。よって，正解は4「新しい法則を探し出すこと」である。

問2
選択肢の吟味

1「日本人が果たしてきた業績には，このセレンディプティなものが足りないと，外国の人によく言われ

ます」に反するので×。2「繰り返し実験する」ことは「諦めずにとことん研究し続ける」ことの一例とみなしてよいから，正しい。3「諦めない探究心のある人にしか，発明はできません」に反するので×。4 完全に本文の趣旨に反しているので×。

XII
問1
解答の根拠

・「人間の体内時計の周期は地球の自転周期（約24時間）より長い」
・「やがては，深夜に就寝，昼まで寝ているというような昼夜逆転生活につながります」

選択肢の吟味

後ろの記述をヒントにした方が分かりやすいだろう。睡眠覚醒リズムが「うしろにズレる」から，「深夜に就寝，昼まで寝ている」ということになる。よって正解は1。

問2
解答の根拠

・「体内時計と自転周期のズレをそのままにしておくとどうなるでしょう」➡「睡眠だけではなく，体温，ホルモン分泌，心拍数など生理的機能のリズムにも狂いが生じます」

選択肢の吟味

上の論理展開から，健康障害を起こさないためには「体内時計と自転周期のズレをそのままにして」おかなければよいということが分かる。よって正解は3。

XIII
問1
解答の根拠

A「3年5年を，無駄に過ごしたとしても，60年70年の人生にとって，引っかき傷ほどにもなりません」
「1時間単位，2時間単位で時間を使ったといっても，それはせいぜい，時計を有効に使ったということにすぎません」
B「人も犬も，一度くらい相手に食いつかれ，負けたことのある方が，思いやりがあって好きです」

選択肢の吟味

Bは簡単。2か3に絞れる。Aは上の要素から2が正しいと判断できる。要するに，どちらも「ちょっとくらい失敗があった方がいい」ということである。

問2
解答の根拠

・要旨＝「どんな毎日にも，生きている限り「無駄」

はないと思います。「焦り」「後悔」も，人間の貴重な栄養です。いつの日かそれが，「無駄」にならず「こやし」になる日が，「あか」にならず「こく」になる日が，必ずあると思います。真剣に暮らしてさえいれば——です」

選択肢の吟味

上の要旨を踏まえている2が正解。1 これでは「一秒一秒」を気にしていることになり×。3「怠惰」がよくない。「真剣に暮らしてさえいれば——です」に反するので×。4「計画的に生きなければならない」は，「時計的」な生き方ととれるので×。

XIV
問1

解答の根拠

・「周囲の人間と衝突することは，彼らにとってきわめて異常な事態であり，相手から反感を買わないようにつねに心がける」

・「かつてよりもはるかに高度で繊細な気くばりを伴った人間関係」

・「互いに感覚を研ぎ澄ませ，つねに神経を張りつめておかなければ維持されえない緊張に満ちた関係」

選択肢の吟味

上の要素を満たしているのは3だけ。

問2

選択肢の吟味

4 前半はいいが，後半の「互いに干渉することなく過ごしている」が誤り。同じグループ内では一応，親密な人間関係が成立している。

XV
問1

解答の根拠

Aの前は，メディアが被害者面しているということの指摘。後は，メディアが被害者面するのはおかしい，という内容であるから，Aには「逆接」が入るはずである。Bは消去法で選ぶよりないだろう。

選択肢の吟味

Aの逆接で1か3に絞れる。「現に，そうじゃないんだから」と「幸い，そうじゃないんだから」のどちらが正しいかということになるが，筆者はメディアが庶民の代表ではないことをプラスに評価しているわけではないので「幸い」はおかしい。よって1が正解。

問2

解答の根拠

・「十分な情報を与えられないまま，一方的に被害

に遭っている「グッドガイ市民」の立ち位置で報道している」

・「メディアが「庶民の代表」みたいな顔つき，言葉づかいをしてみせるのはおかしいだろうと思う」

・「たいへんな倍率の入社試験に合格して，自在に現場を飛び回り，潤沢な第一次情報を手にしているジャーナリストが，責任逃れをするときに「無知や無能」で武装するというのは，ことの筋目が違う」

選択肢の吟味

上の要素を満たしているのは3だけ。4は惜しいが「被害者面する」という一番重要なポイントが出ていないので，やはり3には劣る。

XVI
問1

解答の根拠

「石油」＝「貯金」との対比で考える。

選択肢の吟味

要するに「水」＝「給料」は毎月一定量をもらえる，ということである。よって1が正解。

問2

解答の根拠

・「自然の中にできるものは，作られる量を使うことが大切です」

・「山の上に降って下流に流れた水の一部を使い，水洗トイレや洗濯機などで生活を清潔にすることは，自然の有効な利用方法ですし，健全な行動です」

・「現在のように，すべての水を飲んでもおいしいようにして，トイレや風呂にも使うのは，少し贅沢なのです」

選択肢の吟味

上の意見に合致しているのは3だけ。1・2は本文内容に反している。4は本文を無理やり解釈すればこのような主張を読み取ることもできるかもしれないが，ズバリ筆者の主張を捉えている3には劣る。

XVII
問1

解答の根拠

・「事実の忠実な再現は得てして無味乾燥に終わってしまうことが多い」

・「本当の心情を描写した方が読み手にとってより共鳴しやすく，すなわち，知識として自分自身の中に取り込むことが容易になる」

選択肢の吟味

上の要素をみたしているのは4だけ。2は間違いではないが，「得られなかった情報を自分で補うこと

ができ」てそれで何なのか，ということが説明されていない。4 に比べると非常に内容的に不十分である。

問2

解答の根拠

本来，同じ失敗をくり返さない仕組みを考え出さなければならないのに，その目的のための一つの手段に過ぎない「責任追及」の方がメインになってしまい，本来の目的の方がおざなりになってしまう，という文脈になっている。このような状況を「本末転倒」という。「本（本来の目的）」と「末（手段）」が「転倒」してしまっているということである。

問3

解答の根拠

・「失敗学は自分の記述を読むほかの人に知識を伝えることが目的である」
・「失敗をプラスの財産に転換するよう，人の糧となる記述を残すことの方がもっと大切だ」

選択肢の吟味

上の要旨を踏まえているのは 2 だけ。

第4回　解答・解説

〈解答〉

出題形式	解答番号	正解	出題形式	解答番号	正解	出題形式	解答番号	正解
1文1問	1	③	1文2問	11	②	1文2問	21	④
	2	②		12	①		22	③
	3	①		13	②		23	②
	4	④		14	①	1文3問	24	④
	5	④		15	③		25	①
	6	③		16	④			
	7	①		17				
	8	③		18	②			
	9	②		19	①			
	10	④		20	③			

〈解説〉

Ⅰ

選択肢の吟味

1「いつも授業をしている教室とは異なる」とあるので×。2「自作のノートであれば持ち込み可です」とあるので×。3「知識そのものを問うものではありませんので，あなたの思考の跡が見られない答案には厳しい評価が下されることでしょう」とあるので○。4「出席点は加味しません」とあるので×。

Ⅱ

解答の根拠

・「私たちが歌に執着し，そして歌を聞くことによろこびをおぼえ，一歩すすんで自分たちの声で歌を歌いたいと思うのは，人間の本性に基づいたごく自然なことですし，カラオケがこれだけ流行するというのも理由のあることだろうと思います」

選択肢の吟味

上の要素を満たしているのは 2 だけ。

Ⅲ

解答の根拠

・「大きな利便性の裏には，一時的に失業した人が数多くいました。しかし現在では，人びとは全体としてはるかに便利な生活を送っています」
・「新たな商品はある種の仕事を奪うことは確かですが，それを受け入れることで全体として次世代以降の生活は改善されます」

選択肢の吟味

上の要素を満たしているのは 1 だけ。

IV

【解答の根拠】

・「自然科学には「世界をこのように捉え，このように表現するのだ」という文化的規範がある。「このように」と書いたところを，異なる表現様式に置き換えれば，さまざまなジャンルの芸術表現が該当することになる」

【選択肢の吟味】

上の要素を正しく言い換えているのは4だけ。2は後半部は正しいが，前半の「科学法則の美しさゆえ」が誤り。

V

【解答の根拠】

・「東京都心の冬の寒さはきびしいので，ソメイヨシノが春の暖かさに敏感に反応して早く開花するのです。「サクラは，冬の寒さがきびしいほど，春の"目覚め"が良い」といわれる現象です」

【選択肢の吟味】

上の記述から4が正解。

VI

【解答の根拠】

・「いつもその技法に縛られていては，つまらない」
・「自分自身が楽しむために，そういう変てこりんな地図があってもいいではないか」
・「そこから自由に逸脱することも，私たちには許されている」

【選択肢の吟味】

上の要素を満たしているのは3だけ。

VII

【解答の根拠】

・「よく理解されている形は，力のつりあい・流れ・振動現象などによって作られる形で，物理法則で理解できます。しかし，生物の形や模様は，よくわかっていないものが多いようです」
・「このような場合は，物理的な理解より，生物学的な解釈をするしかありません。ここに，形の科学の一つの難しさがあります」

【選択肢の吟味】

上の要素を満たしているのは1だけ。

VIII

【解答の根拠】

・「道徳が進歩と改革を目的としていないからです」
・「すでに正解が決まっている善悪の基準をこども

たちに押しつけて，基準をブレさせないよう維持することが目的」
・「道徳の時間だけは，疑うことも考えることもしくみを考えることもタブーとされます」

【選択肢の吟味】

上の要素を満たしているのは3だけ。「オトナ」についての言及はないが，他の選択肢は明らかに誤りなので，3が正解となる。

IX

【解答の根拠】

・「成人式で騒ぐような連中は，せっかく作った境界を壊す危険な存在」

【選択肢の吟味】

上の要素を満たしているのは2だけ。

X

【解答の根拠】

・「長いあいだトラブルへの対応を続けるうちに，若い人にはないような経験や知恵を持つようになった年長者に対して，会社がちゃんと評価しようとしてきたことが，結果的に年功賃金につながっていた」

【選択肢の吟味】

4は上の内容を正しく言い換えている。1・3 本文においてそのような主張はされていない。2「生産性の高さゆえ」が誤り。

XI

問1

【解答の根拠】

空欄の前後は「人間の影響がある絶滅危惧種＝助ける」↔「人間の影響のない絶滅危惧種＝助けない」という関係になっているので，逆接の2を選ぶ。

問2

【解答の根拠】

・「それ（人間が環境を変えたことによって個体数を大きく減らし，個体群の維持が難しくなった生物）ならば，人間が手をさしのべて助けてあげる」
・「それ（生態系のバランスからはじき出されようとしている生物）を人間が手をさしのべて助けたなら，そこの環境を変えることになり，それによって別の種が新たに絶滅危惧種になる可能性がある」

【選択肢の吟味】

1は上の2番目の記述に反している。よってこれが正解。2「そのままにしておく」とは直接書かれていないが，解釈の範囲内である。

XII
問1
解答の根拠
筆者の考えとは逆の内容が入るはずである。後の「ただ撃てばいい」「そうしていればそのうち当たるかもしれない」をヒントにしてもよい。
選択肢の吟味
筆者の考えと逆の内容になっているのは2しかない。
問2
選択肢の吟味
1 本文全体の趣旨に合致しているので○。2 本文は，どのように技術が磨かれるかということについては言及していないので×。3 筆者は「勝ち」を重視しているので，「アートはビジネスなどではなく」というのは誤り。4 「しっかりとターゲットを絞り，"ターゲットに向かって弾を撃つ"というやり方をしなければ勝てません」とあるので，「戦略」は必要だと筆者は考えている。よって×。

XIII
問1
解答の根拠
第1段落は一般的な意見の紹介。それに対し第2段落で疑義を呈し，「おそらくそうではないだろう」と否定している。第4段落以降は，なぜ「そうではない」と言えるのかを説明している。
選択肢の吟味
上の構成を踏まえているのは3だけ。
問2
解答の根拠
・「必要なものが必要な分しかない状態では，人は豊かさを感じることができない。必要を超えた支出があってはじめて人は豊かさを感じられるのだ」
選択肢の吟味
上の記述には「贅沢」という言葉は出てきていないが，全体の論旨がつかめていれば，上の内容を踏まえている4を選ぶことができる。1 「生きていけない」は言い過ぎ。「必要なものが十分にあれば，人はたしかに生きてはいける」と本文には書かれている。2は筆者とは全く逆の意見。3は本文にない内容。必要なものと不必要なものの量の比較は問題になっていない。

XIV
問1
解答の根拠
・「仕事でも日常生活でもそして遊びでも脳を使う

ことが圧倒的に多くなった現代」
・「大半の業務が「脳を使う」時代に変わってきたのでした。その結果，疲労が生じる部位が「肉体」から「脳」へと大きく変質したのです」
選択肢の吟味
上の要素を満たしているのは4だけ。
問2
選択肢の吟味
1 「第一次産業，第二次産業に従事する人もふくめて，勤労者の条件が，従来の「身体が動く」ことから「頭が働く」ことへシフトした」とあるので×。2 本文最後の第2段落で，「労働の長時間化➡脳の過活動➡脳疲労➡仕事の能率低下➡労働の長時間化➡……」ということが述べられている。これを一言で「悪循環」と表している。正しい選択肢である。3・4は本文には書かれていない内容。

XV
問1
解答の根拠
直接答えが書かれているわけではないが，記録されたものを読んでそれを理解するためには，どんな「約束ごと」を知っている必要があるかを考える。
選択肢の吟味
上の考察から1 「文字が表す意味に関する決まり」が正解となる。「発音」「媒体」「書き方」を知っていても，書かれている内容を理解することはできない。
問2
選択肢の吟味
1 「その文字に関する約束ごとを知っている人ならば，記録された内容を読むことで，そこに書かれている情報や知識を共有することが可能です」とあるので○。2 「文字が記録された素材はほとんどの場合，それほどかさばることがありません」とあるので○。3 「高度な内容」かどうかについては書かれていないので×。4 「口から発せられ，瞬間的に消えてしまう音声によることばを，「記録」という形で，目に見えるものに定着することができました」とあるので○。

XVI
問1
解答の根拠
・「インプットの量と学習効果のあいだには収穫逓減の関係が成立します」
・「インプット量がある一線を超えると学習効率は

逓減してしまい，時間投資に見合った効果を得られなくなります」

選択肢の吟味▶
上の要素を満たしているのは4だけ。

問2

解答の根拠▶
・「焦燥感や切迫感に搦めとられてしまうと，とにかく手を動かしていないと不安でしょうがないという心理状況になり，ひたすら無意味なインプットを続けるという方向に逃避してしまう」

選択肢の吟味▶
上の記述から3が正解だと判断できる。「知的生産物が生み出せない」➡「焦り・不安」➡「ひたすら無意味なインプットを続ける」➡「安心できる」ということである。

XVII

問1

解答の根拠▶
解答の根拠はすべて第1段落にある。

選択肢の吟味▶
「腐っている➡すっぱい」は成り立つが，「すっぱい➡腐っている」とは限らない。よって2が正解。

問2

解答の根拠▶
ハチミツの「濃さ」は，水分の蒸発によって生み出されるのだから，水の蒸発を引き起こす習性が最も重要だと考えることができる。よって4が正解。

問3

解答の根拠▶
・「ハチミツが細菌の水分を吸い取り，細菌は脱水症状でたちまち死滅する」

選択肢の吟味▶
上の要素を満たしているのは1だけ。

〈解答〉

出題形式	解答番号	正解	出題形式	解答番号	正解	出題形式	解答番号	正解
1文1問	1	①	1文2問	11	④	1文2問	21	①
	2	④		12	②		22	④
	3	①		13	②	1文3問	23	②
	4	④		14	①		24	④
	5	②		15	④		25	③
	6	③		16	③			
	7	③		17	③			
	8	①		18	②			
	9	②		19	③			
	10	③		20	①			

〈解説〉

I

選択肢の吟味▶
1「消火訓練は自由参加です」とあるので○。2「雨天延期」とあるので×。3「教職員は学生を第1グラウンドに誘導してください」とあるので×。4「貴重品および持ち物は各自で携帯してください」とあるので×。

II

解答の根拠▶
・「近年の若い人の際だった特徴は，「特定のジャンル」への関心の集中である」
・「興味のあるジャンルについては異常に詳しく，隣接するジャンルについてはしばしば何も知らない」

選択肢の吟味▶
上の要素を満たしているのは4だけ。3は本文内容を少し解釈し過ぎである。

III

解答の根拠▶
・「このボタンを押したらこういう結論が出てくるという機能はわかるが，どうしてそうなるか，その因果関係は見えにくくなっている。科学が発達したために，逆にそこで生じている現象，使われている原理，それらの組み立てが見えなくなっていく」

選択肢の吟味▶
上の要素を満たしているのは1だけ。

IV

解答の根拠

・「成熟した市場で差を生むのは商品ではなく社員です」

・「素敵な社員がいるからとか，知りたい情報をいろいろ教えてもらえるからとか，親身になってサービスをしてくれるからとか，賢い消費者はそういう理由で商品やサービスを選んでいます」

選択肢の吟味

上の要素を満たしているのは4だけ。

V

解答の根拠

・「衣装をきれいに，エレガントに見せるために登場するのが，ファッションモデルです」

・「料理としての美味しさには，色，形状，量，盛り付け，さらに実際に食べるものではない食器も影響します」

選択肢の吟味

上から，「衣装の見た目（ファッションモデル）が，衣装のエレガントさに影響を与える」＝「料理の見た目が，料理の美味しさに影響を与える」という関係が成り立つことが分かる。したがって正解は2。

VI

解答の根拠

・「言葉を話せるようになると，「ママだっこ」「ごはん」と言うから，母親でなくても理解できるようになる」

選択肢の吟味

上の内容を正しく抽象化しているのは3だけ。

VII

解答の根拠

・「痛いという感覚は，その状況から脱出しなければ，生存にとって危険なことが起きるということをヒトに知らせる大事な信号です」

・「痛いと同じように，自分に危険を知らせる大事なこころの信号だ」

選択肢の吟味

上の要素を満たしているのは3だけ。

VIII

解答の根拠

・「ヨーロッパの学問を学ぶ，模倣する」＝「切り花を買う」との対比で考える。

選択肢の吟味

「模倣」の反対の内容が書かれている1が正解。

IX

解答の根拠

・「型は，師匠から弟子へと何代にもわたって試行錯誤を重ねる中で編み出された，先人の努力の賜物です」

・「型は，唯一解でこそありませんが，大多数の人たちから美しいと認められた一つの答えです」

・「型さえ身につけておけば美しい花がいけられるわけです。型を学ぶことは，美しい花をいけるための唯一の近道なのです」

選択肢の吟味

2　このようなことは書かれていない。よってこれが正解。

X

解答の根拠

・「視覚に入ってくるすべての情報を分析してから認識するとなったら，とほうもない情報処理能力と時間が必要とされる。野生動物が，そんなことに時間をかけていては，自分の生存が危ぶまれる」

・「いま生きるうえで必要な情報だけを取りだし，わかりやすくパターン化してイメージを作り上げている」

選択肢の吟味

上の要素を満たしているのは3だけ。

XI

問1

解答の根拠

・「「畳の縁は踏むと擦りへって傷みがはやいから」「敷居を踏むと重みで歪むから建て付けが悪くなる」」

選択肢の吟味

上の記述を抽象化すると，4「実利的な」になる。

問2

解答の根拠

・「「境界」は，"どっちつかずで曖昧で，不気味で危険な場所である"とみなされ，禁忌習俗が多く見出される。「敷居を踏んではいけない」という禁忌の背景には，この境界不安があるといってよい」

選択肢の吟味

上の要素を満たしているのは2だけ。

XII
問1
解答の根拠
・「女性が関心のある領域，例えば，妊娠や出産，中絶，家事労働や性愛について，学問の世界ではこれまでまったく研究されてこなかったのだ」
選択肢の吟味
上の記述から2が正解だと分かる。
問2
解答の根拠
・「「女性の目にボクってどんな風に映っているの？」と自画像を初めて見た男性たちによる自己省察の学問」
選択肢の吟味
上の記述を踏まえているのは1だけ。「相対化」という言い換えを理解できたかどうかがポイント。

XIII
問1
解答の根拠
・「生存競争こそが，多様な生物種やダイナミックな生態系を創り出す」
・「競争を通じて繁栄していくのがビジネスなのだ」
選択肢の吟味
上の要素を満たしているのは4だけ。
問2
解答の根拠
・「ビジネスとは，他社と持ちつ持たれつ，共存・協力していくことだ」
・「ビジネスの競争とは，多様な市場環境の中で，周囲のプレーヤーと競争・協力しつつ棲み分け，自分の餌場を確保していくことなのだ」
選択肢の吟味
上の要素を満たしているのは3だけ。2「共存」というポイントは出ているが，「現状維持を図っていく」が誤り。これでは「創意工夫や技術革新」が生まれない。

XIV
問1
解答の根拠
「発生量＝重要性×あいまいさ」という公式を受けての第2段落である。段落最終文「特にあいまいな情報によって解釈が行われる場合が，うわさとなります」に注目。要するに，「状況のあいまい性とうわさの発生量の関係」について述べているのである。これを受けて，第3段落の前半では，「状況の重要性とうわさの発生量の関係」について説明がなされていて，自然な流れになっている。以上より，正解は3。
問2
解答の根拠
・「ある特定の状況に対する意味がわからないことが，多くの人々に不安を与える場合，うわさが生まれやすくなる」
選択肢の吟味
「口裂け女」のことを詳しく知らなくても，上の記述が理解できていれば，2を正解として選ぶことができる。選択肢文の「本当にいるかもしれない」が「ある特定の状況に対する意味がわからない」に，「不安を多くの人々が抱いたから」はそのまま「多くの人々に不安を与える」に対応している。3は「あいまい性」についてしか触れられていないので2に比べると弱い。

XV
問1
解答の根拠
A「日本は外来文化を非常に広く受け入れる」➡「日本にくれば世界中の料理があるし，世界中の文化のいろいろな面を見ることができます」という因果関係が成り立つので，順接の接続語が入る。
B「本来の文化が持っていた形を全部なし崩しにして自文化に同化させてしまう，あるいは消化してしまうところがある」の具体例として，平仮名や片仮名の話が出ているので，例示の接続語が入る。
選択肢の吟味
A順接，B例示の組み合わせになっている3が正解。
問2
選択肢の吟味
1「本来の文化が持っていた形を全部なし崩しにして自文化に同化させてしまう，あるいは消化してしまうところがある」に合致するので○。2「変質することはない」とまでは書かれていないので×。3「高度なものに作り変える」とは書かれていないので×。4 本文に書かれていない内容なので×。

XVI
問1
解答の根拠
・「いまの観客がそのままずっと観客でいるわけじゃない」
・「新しい観客が本当の価値を見つけていく」

上の要素を満たしているのは１だけ。
問２
解答の根拠〉
・「アーティストは作ったものの価値を観客に合わせるのではなく，価値観を堅持しながら突っ切るしかない」
選択肢の吟味〉
上の要旨に合致しているのは４だけ。１ 「「いま」でさえ受け入れられることはない」かどうかは書かれていないので×。２ 評価は未来の観客が下すものであり，それを「思い描け」とは書かれていないので×。３ 「「いま」の観客に受け入れられる」は明らかに×。

XVII
問１
解答の根拠〉
・「誇大自己を掲げることで，人から見下されるのではないかといった不安をかき消そうとしている」
選択肢の吟味〉
上の要素を満たしているのは２だけ。
問２
解答の根拠〉
「誇大自己を掲げ，他人の至らなさをこき下ろすことで，現実の自分から目を逸らす」と同趣旨の比喩を選べばよい。よって正解は４。
問３
選択肢の吟味〉
「上から目線」に対しマイナスの評価をしていない２・４はまず不可。１ 「職場環境に悪影響をもたらす」こともあるかもしれないが，本文に直接書かれているわけではないし，ポイントはそこにはない。３ 「「上から目線」な態度は，成長にとってマイナスといえる」に合致するので○。

第６回　解答・解説

〈解答〉

出題形式	解答番号	正解	出題形式	解答番号	正解	出題形式	解答番号	正解
1文1問	1	①	1文2問	11	③	1文2問	21	①
	2	②		12	①		22	④
	3	①		13	①	1文3問	23	③
	4	②		14	④		24	①
	5	③		15	④		25	③
	6	①		16	③			
	7	④		17	①			
	8	②		18	③			
	9	③		19	③			
	10	②		20	②			

〈解説〉

I

選択肢の吟味〉
１ 「応募していただいた方すべてに抽選結果をお知らせします」とあるので○。２ 「昼食代は各自自担でお願いします」とあるので×。３ 「発掘体験は中止とし，内容を変更します」とあり，イベント自体が中止になるわけではないので×。４ 何で移動かは書かれていないが，「バス」と書かれていない以上，徒歩移動のはずである。「徒歩移動」はわざわざ書かないことも多いので注意する。

II

解答の根拠〉
・「脳の中の小さい「部分」を細かく追求するという研究の方法を離れることが脳の理解につながるのではないだろうか」
・「「部分」を眺めるだけでは，脳の「全体」の活動はかえって見えなくなってしまうのではないのだろうか」
選択肢の吟味〉
上の要素を満たしているのは２だけ。

III

解答の根拠〉
・「アート鑑賞は個人個人が主体的主観的に愉しめばよいものです。アート作品が作者ごとの多様な表現を披露し，多様な価値観を見る者に問うのと同じように，私たち見る側もそれぞれの主観的な価値観と感受性で多様にアートを見てよいのです」

上の要素を満たしているのは1だけ。

IV
・「一煎目は、50～60度の低めの温度のお湯でじっくりとアミノ酸を抽出させてうまみを楽しむ。そして二煎目では、一煎目よりもやや熱いお湯で淹れる。こうするとまずお茶のうまみをじっくり味わい、二煎目ではお茶の渋みを加えたうまみを楽しむことができる」

上の記述を正しく反映しているのは2である。

V
1 日本の教育は、そもそもロジカル・シンキングを教えていないので×。2「欧米を追い越すために」が×。3 第2段落の内容に合致しているので○。4 そのようなことは書かれていないので×。

VI
・「「あなたは、私にとって、エネルギーを使って反応しなければならない人ではありません。取るに足らない人です」というメッセージを送っている」
・「「小さなエネルギー」を示すことによって、自分が上位者的に振る舞うことになる」

上の要素を満たしていないのは1だけ。よってこれが正解。

VII
・「感情によって生じる表情は、人種や文化が違っても似通っている」

4は上の要素の言い換えになっている。1 書かれていない内容。2「対応関係がない」が誤り。3 行動と感情の順序が逆。

VIII
・「建築家は、その建築を利用する人たち、あるいはそこに住む子どもたちが100年後にどうなっているのかを考えて公共建築をつくり、マンションをつくらなければならない」

上の要素を満たしているのは2だけ。

IX
・「いい仕事をする人は、仕事を覚え始める人には親切に基本を教えていた」
・「最後のところを早く分かってもらえるように、教えられる基本の部分は教えようと考える」

上の要素を満たしているのは3だけ。1は「すべて」が誤り。

X
「低温」➡「自発休眠が破られる（目を覚ます）」だから、「温暖化で低温にならない」➡「自発休眠が破られない（眠ったまま）」ということになる。

「自発休眠が破られない（眠ったまま）」という内容になっているのは1と2だが、1「開花が早くなり」は誤り。眠ったままなのだから、当然開花は遅くなる。よって正解は2。

XI
問1
・「諸宗教のありようが具体的に比較できるようになった」
・「そんな手前勝手な信念を保持することは不可能だ」

上の記述を一語で抽象化している3「相対化」が正解。

問2
1 そもそも宗教は世界を「科学的」に説明しようとはしないので×。よってこれが正解。

XII
問1
本文後半部に答えは書かれている。「強固になった「あたりまえ」は、つねに反復されていることが気づかれないほどに安定し、執拗な現実として私たちの「日常」を構成していくのである」などが解答の根拠になる。

選択肢の吟味▷

上の要素を満たしているのは1だけ。

問2

選択肢の吟味▷

1「意識的に」が×。2「不断の努力によって」が×。3「異質な存在が入り込んできたとき」が×。4 子と母親のやり取りの例を抽象化すると，選択肢の文のようになる。よってこれが正解。

XIII

問1

解答の根拠▷

・「目先の実益を追い求める技術そのものよりも，むしろ目先の実益に無関心な学問の方がはるかに大きな実益をもたらした」

選択肢の吟味▷

上の内容を踏まえたことわざあるいは慣用句は4「無用の用」である。たとえ知らなくても，字面から意味を推測することは可能だろう。

問2

選択肢の吟味▷

1「それ（科学）を実用的な技術に応用する試みが始まるやいなや，技術，つまりテクノロジーは猛烈な勢いで発達しはじめ」とあるので×。2 近代以前も技術は「実用をめざす」ものであるから×。3 第2段落の内容に合致するので○。4 そのようなことは書かれていないので×。

XIV

問1

解答の根拠▷

第1段落は抽象論，第2・3段落はその具体例，という文章全体の構造が把握できていれば，2「たとえば」を選ぶことができる。実際は，消去法で解くことになると思うが，紛らわしいものはない。

問2

解答の根拠▷

・「そういうことが可能なのは，「死すべき存在としての自分」という自覚の深まりによってなのである」
・「「生の有限性」の自覚がなかったり浅かったりすると，自分の一生のイメージをあらかじめ一定のところまで思い描くことができず，そうなると，仕事の節目や広がり具合や見通しを設定することもできなくなるから」

選択肢の吟味▷

上の要素を満たしているのは3だけ。二つ目の要素は出ていないが，他の選択肢は明らかに誤り。

XV

問1

解答の根拠▷

・「かき集めた事実の中からアトランダムにデータをすくい上げたとき，そこに一つの理論が成り立つかどうか──統計学などはそのためにあるわけですが──そのようなことを考えながら生きていれば」

選択肢の吟味▷

上の要素を満たしているのは3だけ。

問2

解答の根拠▷

・「学問は誰にでもできます。不思議に思ったこと，疑問に思ったことを問い学ぶのが学問です。では誰に学ぶのかというと，自らに問うのです。問うということは調べることです。調べるということが学ぶことになるのです」
・「受身ではなく，能動態でなくてはならない」

選択肢の吟味▷

上の要素を満たしているのは2だけ。3は，統計をとっただけで法則化がなされていたかどうかは分からないので×。

XVI

問1

解答の根拠▷

・「誰しもの日常に存在するのに，気づかずに通り過ぎていたもの。見ていたはずなのに，見逃してしまっていたものなどです。そんな小さな「あっ」という再発見を言葉に結実させる」

選択肢の吟味▷

上の要素を満たしているのは1だけ。「日常を捉え直す」という言い換えが理解できたかどうかがポイント。

問2

解答の根拠▷

・「これ（思いや感動が言葉にならないこと）を克服するには，ともかく俳句を作るしかありません。良い句集を読むことも必要でしょう。ともかく俳句の畑を日常的に耕し続け，土をほこほこにしておきます」

選択肢の吟味▷

上の内容を踏まえている4が正解。1 二つの優劣は述べられていないので×。2「再発見する力」ではなく，「言葉の力」であるから×。3 指示内容とはズレているので×。

XVII
問1
解答の根拠
・「他の人の思考を自分とは違う思考と認めながら, あたかも自分の潜在的に可能な思考として受け入れ, 「思考の拡張」を行っていく」
・「自分の思考と掛け算をして新しい思考を生み出していく」
選択肢の吟味
上の要素を満たしているのは3だけ。

問2
解答の根拠
「何かを発想する, 何かを生み出すという目的を人と人とが共有するとき」➡「思考の協業が期待される前提が成立する(=人は互いの発想力を生かし, 力を合わせ何かを生み出そうと考える)」という関係が成り立つ。よって1が正解。
選択肢の吟味
2「良いアイデア」が出るというのは, 「思考の協業」の結果である。

問3
解答の根拠
空欄の前の「人と人とが, 互いに, 互いの経験と思考を我がものとし合い刺激し合い, 互いの思考を拡張していく空間」は, 第3段落「ネットワークされた多脳体」であるとは〜の内容を踏まえている。したがって, (A)には第4段落のテーマである「創造的誤読」に該当する内容が入ると推測できる。よって, 3「読み換えていく」が正解。
選択肢の吟味
1「理解」, 2「共有」, 4「楽しむ」ともに「読み換える」という要素が入っておらず, 内容的に不足である。

〈解答〉

出題形式	解答番号	正解	出題形式	解答番号	正解	出題形式	解答番号	正解
1文1問	1	③	1文2問	11	②	1文2問	21	④
	2	④		12	③		22	②
	3	④		13	④	1文3問	23	③
	4	②		14	②		24	①
	5	②		15	④		25	②
	6	③		16	②			
	7	①		17	②			
	8	①		18	②			
	9	④		19	③			
	10	①		20	②			

〈解説〉
I
選択肢の吟味
1「授業で取り扱う作品は各回の授業の最後にお知らせします」とあるので×。2「主に小説を扱うが, 短詩系文学についても1回を割く予定である」とあるので×。3「受講の順序は問わない」とあるので○。4「自分で作品の表現について論じる」のはレポート課題であるから×。

II
解答の根拠
・「僕は整理などしなくていいと思っている。なぜなら, きちんと整理してしまうと, 「アイデアの化学反応」が生まれなくなるからだ」
・「整理整頓はアイデアの敵だ」
・「無秩序な書籍の山から一見, 無関係な資料同士の意外なつながり, つまりアイデアを発見したりするようなことは起こりづらくなる」
選択肢の吟味
上の要素を満たしているのは4だけ。2は本文内容に合致するが要旨ではない。3はそこまでは言っていないので×。

III
解答の根拠
・「"排除すべき異物"と認識されなくてもよい物質に対してまで, 過剰な免疫反応が起こる「アレルギー」が深刻な問題になっている」

左カラム

選択肢の吟味

上の要素を満たしているのは4だけ。2は「欠点」ではない。むしろ，免疫機能の重要性を説明したものである。

IV

解答の根拠

・「相手を人間的に扱うのが難しくなる」
・「それまでのような人間的な交流をしようとすることが苦痛をもたらすので，交流を避けて表面的に対応することになる」

選択肢の吟味

2は上の記述を正しく反映しており○。1・3は本文にない内容。4は第1段落の内容に明らかに反している。

V

解答の根拠

・「何か目の前に，現実に見えるものを指さして教える」
・「モノの名をおぼえる作業は，指さして実際に見えるモノからはじめる」

選択肢の吟味

上の要素を満たしているのは2だけ。

VI

解答の根拠

・「音楽が使う音の高さは，ドレミ……と不連続にデジタル化されている」

選択肢の吟味

上の要素を満たしているのは3だけ。

VII

解答の根拠

・「観光者を受け入れることによって観光者のまなざしを意識することも，貴重な自己理解の機会となり，ひいては相互理解の増進に資することになる」
・「地域の場合でも，多数の観光者を受け入れ，さまざまな賞賛や批判の声を聞くことによって初めて自分の地域のことがわかる」

選択肢の吟味

上の要素を満たしているのは1だけ。

VIII

解答の根拠

・「中学生の間から，現代科学の理解に適性を持つものを選び出し，そうでないものを篩い落とす，そ

右カラム

して高等学校でもまた同じことが繰り返されている」

選択肢の吟味

上の記述から3「見事選別の仕組み」が入ると推測できる。

IX

解答の根拠

・「世界中にさまざまな挨拶の仕方があるが，深々と頭を下げるのは日本人特有の作法といって良いだろう」
・「日本人がお辞儀をする光景を見た外国人が，日本人は礼儀正しいと評価したのだろう」
・「お辞儀の原点は神への畏敬の念にあると言うことができるだろう」
・「ムラの長老などに神の姿を見，彼らを敬って神に准ずる最高の仕方で挨拶をした。それが，お辞儀という挨拶の独特の作法を生み出したのではないか」

選択肢の吟味

4は本文に書かれていない内容で明らかに誤りである。

X

選択肢の吟味

1 直接的な記述はないが，本文全体の内容に合致している。2 古い女王は自ら出て行くので×。3 新女王候補は殺されるので×。4 分蜂すれば個体数は増えるので×。

XI

問1

解答の根拠

仮説を立てることは，何をするための「土台」なのかを考える。答えは2「調査結果をまとめるため」である。

問2

解答の根拠

・「仮説を立てて現場に臨めば，たとえ仮説とは状況が大きく異なっていたとしても，土台があるので，軌道修正をすれば，対応は比較的容易にできる」

選択肢の吟味

文頭に「つまり」があるので，上の記述と同じ内容が入ると推測できる。よって3が正解。2 白紙の状態で調査を開始する場合，そもそも仮説はないのだから，それと比較して「仮説をアレンジしやすい」というのはおかしい。

XII
問1
解答の根拠

Aには，意味的には2「だから」，4「つまり」どちらも入るが，「文学青年だった」「人であった」と文末表現が類似しているので，表現的には4「つまり」の方がよい。Bは明らかに例示の言葉が入るはずであるから，やはり4「つまり・たとえば」の組み合わせがよいと判断できる。
問2
選択肢の吟味

1　読書家でも明確な像を描くことができる人はいる。実際，名参謀，名司令官は文学青年だったとある。2　「そうした人は知識なり情報が多過ぎるゆえにそれに振り回されてしまい，明確な像が描けないのではないだろうか」の内容を踏まえているので○。3「像ができれば必要な情報は自然にひっかかってくる。「情報力」とは，そうしたものではあるまいか」という記述に反するので×。「情報を元に」が誤り。4「記憶力」が誤り。正しくは「想像力」。

XIII
問1
解答の根拠

・「特定の人たちに親しみをもたれたり，逆に，親しみをもたれなかったりするかわりに，誰もが等距離で楽しめる話になっている」
選択肢の吟味

上の内容を踏まえているのは4だけ。3「等距離」という表現には，「みんなが面白いと思う」ということまでは含まれていないので×。
問2
解答の根拠

・「決まった顔ぶれが登場して，型にはまった動きをして，パターン化されたストーリーを展開する」
選択肢の吟味

上の要素を満たしているのは2だけ。

XIV
問1
解答の根拠

第2段落すべてが解答の根拠となる。「君はこの程度の能力だから，将来，この程度にしかならない」と言われたら，その人は未来への希望を失うことになるだろう。
選択肢の吟味

上の内容を踏まえている2が正解。3は惜しいが，「実際その予言通りに生きようとする」とまでは書かれていないので×。
問2
解答の根拠

・「現代の教育の不幸は，このような計量不可能な人間の可能性に門戸を開いておく余裕を失っていることだ」
・「「偏差値」という科学的数字は，あなたの未来は分かってしまったという宣言である」
選択肢の吟味

2は上の内容を正しく言い換えている。よってこれが正解。

XV
問1
解答の根拠

本文は，「欧米と日本の照明の対比➡これからの日本の照明」という展開になっている。
選択肢の吟味

上の内容を踏まえているのは3だけ。1「欧米の方が優れている」という考えが筆者の中にあることは否定しないが，それをメインに論じているわけではないので×。2　実際，紹介はしているが，それだけの文章ではないので×。4　家庭とオフィスの照明の違いが，メインのテーマではないので×。
問2
解答の根拠

・「この空間の心地よさを演出することが大事」
・「照明が家庭の中でも豊かなものになるということは，精神的にも優しい気持ちになるもの」
選択肢の吟味

上の記述および全体の論旨から，「空間の心地よさ」がこれからの日本の照明に求められることだと分かる。よって2が正解。

XVI
問1
解答の根拠

・「言葉というのは，周りにそれを使っている人間が大勢いなかったら身につきません」
選択肢の吟味

上の要素を満たしているのは4だけ。1は言い過ぎ。2は「常に」が×。3は本文に書かれていない内容。
問2
解答の根拠

・「非常時」と同じ内容もの「以外」を選べばよい。

２は明らかに「平穏時」の説明であるから，これが仲間外れで正解となる。

XVII
問１
解答の根拠 ▶

・「資本主義経済のなかで働くということは，（法律の範囲内で）ギリギリまで働かされることを意味しています」
・「労働者をギリギリまで働かせて利益を生み出しています」

選択肢の吟味 ▶

上の要素を満たしているのは３だけ。

問２
解答の根拠 ▶

先に結論が来て，後からその説明をするという構造を理解できたかどうかがポイント。直接の根拠は，「その企業を「ブラック」にしているのは「あなた自身」なのかもしれません。企業がブラックなのではなく，自分で自分を「ブラックな働き方」に追い込んでいるのかもしれないのです」の箇所である。

選択肢の吟味 ▶

上の内容を踏まえているのは１だけ。

問３
解答の根拠 ▶

・「そこ（ブラックな働き方）から抜け出すためには，ひとりひとりが自分の頭で考えていくしかありません」

選択肢の吟味 ▶

上の要旨を踏まえているのは２だけ。１は惜しいが，「資本主義の仕組みについてよく理解」しただけでは，ブラックな働き方は変えられないので×。

第８回　解答・解説

〈解答〉

出題形式	解答番号	正解	出題形式	解答番号	正解	出題形式	解答番号	正解
1文1問	1	④	1文2問	11	②	1文2問	21	④
	2	③		12	②		22	②
	3	②		13	④	1文3問	23	③
	4	④		14	①		24	④
	5	①		15	④		25	①
	6	②		16	④			
	7	①		17	②			
	8	③		18	③			
	9	④		19	③			
	10	③		20	②			

〈解説〉
I
選択肢の吟味 ▶

１「全館合計で10冊まで」とあるので×。２「住所・氏名に変更がなければ，更新手続きに必要なものは特にございません」とあるので×。３「閉館中は備え付けのブックポストにお返しください」とあるので×。４「他の地域にお住まいの方でも，カードの発行および図書館の利用は可能です」とあるので〇。

II
解答の根拠 ▶

・「僕たち医者は，患者さんがしっかりとした選択ができるだけの情報を提供して，質問には全部答えた上で「どうしますか？」というところまでもっていく。それが医者の務めだと思っています」

選択肢の吟味 ▶

上の要素を満たしているのは３だけ。

III
解答の根拠 ▶

・「種子にはつばさがついていて，かなり遠くまで移動することができますから，新しい土地で新しい苗として生長することができます」
・「太陽の光がとどかない林の中では，生長できずに枯れていくのです」
・「苗として生まれた子どもを愛情をもって育てる，ということはありません」

選択肢の吟味 ▶

２「作らない」が×。

IV

解答の根拠

・「すべてのことに対して「なぜ?」という問いを立て,自分で見たり聞いたりしたことをもとに自分で考える必要が出てきました。まさにこれは,私たちが科学を通して行おうとしてきたことです」

選択肢の吟味

上の要素を満たしているのは4だけ。1〜3も内容として近いことは書かれているが,「疑う」「問いを立てる」「自分で考える」といったキーワードに言及していないので×。

V

解答の根拠

・「そのようなホンモノ探しには複雑な気持ちにさせられてしまいます。なぜなら,ホンモノの自分,自分らしさを見つけ出すことは至難の業だからです」

・「自分らしさの追究をしない者は×(ペケ)だとか,自分らしい生き方を引き当てた人間が○(マル)だとか,いささか単純な決めつけが横行している感じがします」

選択肢の吟味

上の要素を満たしているのは1だけ。「よくない」と直接に書かれているわけではないが,「横行」といった表現から否定的なニュアンスを読み取ることができる。

VI

解答の根拠

・「ある程度インプットを絞りつつ,情報が偏らないように何方向かから情報を取り入れる」

・「なるべく両極のソースにあたったうえで自分の判断基準を決めていく」

選択肢の吟味

上の要素を満たしているのは2だけ。

VII

解答の根拠

・「科学を定義すれば,まず第一に,科学にはくりかえし実験ができる性質がある。歴史は一回しか起こらないことなので,この点,科学の対象にならない」

・「歴史では,ひとりひとりはみんな違う。それが他人に及ぼす機能も違う。それを記述する歴史を書く人も,歴史を読む人も,みんなが同じ人間だ」

選択肢の吟味

上の要素からaは○,cは×。また,下の要素から

bは○。dは書かれていない内容。よって,a・bが確実に入っている1が正解となる。

VIII

解答の根拠

・「現実はそうはいきません」

・「友人関係からハミだす生徒がでてきます。兄弟ゲンカや友だちゲンカは日常茶飯事です」

選択肢の吟味

上の記述から3「友だち先生はいずれ破綻します」が入ると推測できる。他の選択肢は,内容的に誤りである。

IX

解答の根拠

・「日本料理は,その素材の持つ風味を損なわずに生かす調理法」

・「日本の水の大部分が軟水であることが煮物をはじめとする日本料理の発展につながった」

選択肢の吟味

上の要素を満たしているのは4だけ。

X

解答の根拠

・「色覚システムを司る大脳の特定部位を損傷したことがその原因と考えられました」

・「目はあくまで外部情報の収集と電気信号への変換をおこなう器官で,それが伝わる先の脳で情報の処理が適切におこなわれなければ,色の見えは起こりません」

選択肢の吟味

上の記述から3が正解である。4は「完全に」が誤り。

XI

問1

解答の根拠

・「その消費者はすそ野の広い関連商品を買いつづける忠実なリピーターになってくれる」

選択肢の吟味

上の記述から2が正解だと分かる。

問2

選択肢の吟味

2はどちらかと言えば「母語」としての言語の価値にまつわる説明であるから×。よってこれが正解。

XII

問1

『解答の根拠』

・「楽譜というものは，あくまでその曲のイメージを記したものであって，それを人が読んで，解釈をする」

・「弾き手自身の変化によっても，あるいは聞き手の変化によっても，さらに両者を囲む環境によっても変わってくる」

『選択肢の吟味』

上の記述から4だけが仲間外れだと分かる。よってこれが正解。楽譜は同じでも，解釈や環境が異なると，楽曲は別のものとして再生されるのである。

問2

『選択肢の吟味』

1 本文全体の論旨を踏まえたものになっているので○。2 そのようなことは書かれていない。3・4 解釈の重要性を無視しているので×。

XIII

問1

『解答の根拠』

・「お仕着せの観光地ではなく，その国の人々の文化や習慣にどっぷり浸かれる場所はないか。現地の人たちと「等身大」で交流できるところはないか。その国の名物料理はもういいや」

・「現地の人たちがいつも食べている食事を体験したい」

『選択肢の吟味』

上の内容を踏まえているのは4だけ。

問2

『解答の根拠』

「ならば」と思った結果，「ニッポンに複数回やってくる観光客は自ら積極的に日本国内を探検して歩くようになった」のだから，4「いろいろな土地に行ってみよう」が省略されていると考えるのが妥当である。

XIV

問1

『解答の根拠』

天然ガスや液化石炭は，石油に替わるエネルギーではあるが，CO_2排出量削減に課題が残るとうことだから，空欄には「留保」を表す言葉はいるはずである。よって，2「だからといって」が正解。3「にもかかわらず」は文頭で用いられる場合，予想と異なる結果になった，という意味を表すので，ここで

は不適当である。

問2

『選択肢の吟味』

1 両立を目指しているのだから×。2 天然ガス自動車にはいろいろ問題ありと書かれているので×。3「電気エネルギーで走る自動車は，クリーン度でも，石油代替性でも，CO_2排出量でも，大いに期待できます」に合致するので○。4「直近の場合は燃費が良いことが条件と考えてよいでしょう」に反するので×。

XV

問1

『解答の根拠』

・「潜在意識の中に，王が替われば少しは生活が楽になるのではないかといった願望が隠されている」

・「実は民衆は，王子が王を殺す話を，心の奥底では望んでいるのだ」

『選択肢の吟味』

上の要素を満たしているのは3だけ。1「現実的な希望」が誤り。あくまで「潜在意識」レベルでの願望だと筆者は述べている。

問2

『解答の根拠』

・「面白いと思った話は人にも伝えたくなるし，つまらない話は伝える前に忘れてしまう。だから自然に，面白い話だけが残っていく」

『選択肢の吟味』

上の内容を一言で言い表している2「自然淘汰」が正解。

XVI

問1

『解答の根拠』

・「群れたから賢くなった」

・「「群れ」でいることが個体の行動パターンを増やす」

『選択肢の吟味』

上の記述から実験結果は容易に推測できるはずだ。4が正解。ここではパターンの「数」が問題となっているので，「種類」を問題としている1は×。

問2

『選択肢の吟味』

1 そのようなことは書かれていない。2 本文全体の趣旨と合致しているので○。3「複雑な関係」「変化の激しい社会関係」の中でイルカは知能を進化させてきたのだから，「安定した社会関係」が×。4

因果関係が逆になっているので×。

XVII
問1
解答の根拠
直前の「この「目的」」の内容が分かればよい。それは，当然「平和で，安全で，長生きできる国づくり」である。よって，3が正解。

問2
解答の根拠
今までは「平和で，安全で，長生きできる国づくり」を目的にやってきたが，もう実現してしまった。次は，「成熟社会」を目的にしてやっていかなければならないのだが，それができていない，ということである。よって4が正解。

選択肢の吟味
2 「手段」が見つからないのではなく，そもそもの「目的」が定まらないのである。

問3
解答の根拠
・「当初は，団塊世代の人々を中心とした，欧米流を憧れとする日本人のステイタスシンボルだった。「平和で，安全で，長生きできる国」で生きていることを象徴する手段だ」

選択肢の吟味
上の要素を満たしているのは1だけ。設問文の「もともと」に注意しよう。

第9回　解答・解説

〈解答〉

出題形式	解答番号	正解	出題形式	解答番号	正解	出題形式	解答番号	正解
1文1問	1	④	1文2問	11	③	1文2問	21	④
	2	②		12	④		22	②
	3	③		13	③	1文3問	23	③
	4	①		14	②		24	①
	5	③		15	②		25	③
	6	①		16	①			
	7	④		17	④			
	8	④		18	②			
	9	②		19	③			
	10	④		20	②			

〈解説〉
I
選択肢の吟味
1 二次試験は「一次試験合格者を対象」であるから×。2 「受験申込書に必要事項を記入の上，経済学部教務課に提出してください」とあるので×。3 3/13から3/31までなので「およそ1カ月」とは言えず×。4 共に「経済学部1号館掲示板にて発表します」とあるので○。

II
解答の根拠
・「知識を武器とする部下は上司よりも豊富な知識をもっているので，リーダーに，いくら経験に裏打ちされたカリスマ性があったとしても，その経験や知識が時代遅れとなってくる」

選択肢の吟味
上の要素を満たしているのは2だけ。

III
解答の根拠
・「元々はなつかしさを感じない商品が，なつかしさを喚起するキャッチフレーズと共に呈示されることにより，なつかしく感じるようになるのです」

選択肢の吟味
上の記述から3 「(なつかしさが)商品に伝染する」が正解だと分かる。

IV
選択肢の吟味
a 値引きはお店の人に「迷惑をかける」ので「ケチ」。難しいので保留でもよい。b 誰にも迷惑をかけていないので「節約」。c 「人を喜ばせるため」なので節約。d 「自分のため」なので「ケチ」。よって1が正解。

V
解答の根拠
・「東京ほど面積が広い都市は世界でも珍しく、たいていの場合はここまで鉄道依存が強くないし、ある程度鉄道依存が進んでいても、実際の距離と鉄道での移動時間が極度に食い違うことは珍しい」

選択肢の吟味
上の記述を踏まえているのは3。よってこれが正解。1 必ずしも「早い」とは言えないので×。2 「忙しさゆえ」が×。4 「面積が狭い」及び因果関係の設定が誤り。

VI
解答の根拠
・「日常から連続する興味・関心をそのまま写真に反映させることにより、自分が何であるのかが自分自身にとっても理解できてくる」
・「興味・関心を深めることがオリジナリティの発露なのである」

選択肢の吟味
上の要素を満たしているのは1だけ。

VII
解答の根拠
・「それ（自分の痕跡を残しながら生きていること）は、単なる空間を、自分だけの空間に変えていくという行為である」
・「彼と家族の痕跡が残っていて、こんなところには泊まれないと、すぐに帰った」
・「室内、部屋、居場所といった空間は、なんともいえない独特な力を帯びている」

選択肢の吟味
1～3は上の要素を満たしている。4 「考えている」という表現は、「普段から考えている」という意味であるが、そのような記述は本文にないので×。

VIII
解答の根拠
a 「すると」、d 「そして」という文頭表現から、

これらが最初に来ることはない。cも文頭に来るとするとあまりに唐突である。よって、bが先頭に来る。bの文末「とする」という仮定表現に対応する形で、二つ目の仮定dがそれに続くはずである。その二つの仮定をaの疑問文で受けて、dで仮定の帰結を述べるという展開になるのが正しい。よって、2 「b−d−a−c」が正解。

IX
解答の根拠
・「男性同士の友情と呼ばれるものは、通常、この力関係が同等と認め合ったもの同士に成立する」
・「二人の「力＝社会的地位」が離れていると、いくら趣味や性格が一致していても、なかなか対等な友人関係にはなりにくい」

選択肢の吟味
上の要素を満たしているのは2だけ。

X
解答の根拠
・「医療従事者は患者の言うことの背景を読み取る必要があります。そのためにはコンサルタント技術も必要であり、医学教育でも取り扱うべきです」
・「医学生は訓練生として早くから医療現場に接することが有効でしょう」
・「ロールプレイで患者になってみるというのもいい方法だと思います。とにかく、患者とはどういうものか、というのがわからなければ医者とは言えません」

選択肢の吟味
上の要素を満たしているのは4だけ。1は本文に書かれている内容だが要旨ではない。2は「ロールプレイ」に反するので×。また本文はそこまでは言っていない。

XI
問1
解答の根拠
・「教えるからには、学ぶ側が独立することをめざし、自分で考えることができるようになるために強制しなければならない」

選択肢の吟味
上の記述から3 「兼ね合い」が正解だと分かる。「兼ね合い」とは「バランス」という意味である。強制し過ぎでもダメ、自由にさせ過ぎるのもダメ、そのバランスが大事ということである。

問2
解答の根拠
・「だんだんと習いたいという気持ちを起こさせ，徐々に自分で考えるように促さなければならない」
選択肢の吟味
上の記述をはじめとして，本文全体の内容から4が正解となる。

XII
問1
解答の根拠
・「アンブレラ種が生きていける環境を守るためには，それなりに「大きな」生態系ピラミッドを維持していく必要がある」
選択肢の吟味
上の記述を踏まえているのは3だけ。1は本文の内容に合致してはいるが，設問に対する答えとしては弱い。「最も適当なもの」となると，やはり3の方がよい。
問2
解答の根拠
「人間社会では，なぜか，そう（＝環境が劣化すれば，最初に絶滅するのはアンブレラ種である）はならない」をヒントに考える。「環境が劣化すれば，最初に絶滅するのはアンブレラ種である」とはならないというのだから，「環境が劣化した時，最初に絶滅するのはアンブレラ種ではない（弱い種が絶滅する）」といった内容が空欄には入るはずである。
選択肢の吟味
「環境が劣化した時，最初に絶滅するのはアンブレラ種ではない（弱い種が絶滅する）」という内容を満たしているのは2だけ。3も動物と人間の対比は表現できているが，直前の「そう」を無視した内容になっているので，不適である。

XIII
問1
解答の根拠
・「誰かに認めてもらってお金を頂戴できれば付加価値」
選択肢の吟味
上の要素を満たしているのは2だけ。辞書的な意味に引きずられて1を選ばないようにしたい。
問2
選択肢の吟味
1 「起業して小所帯で仕事をすれば，付加価値を生んだかどうかは，顧客の反応や経営成績で一目瞭然，

すぐに結果として実感することができます」に合致するので○。2 サラリーマンは付加価値を生み出していることを感じにくい，というだけのことであるから×。3 正しくは「誰かがお金を払ってくれるかどうか」である。よって×。4 「やっていて気持ちよければ良い仕事で，不快感が残れば悪い仕事です」とあるので，従事している期間は関係ない。

XIV
問1
解答の根拠
最終段落の具体例にヒントがある。「「よくわからない。気持ち悪い。なんかおかしい」という思いを，彼は長い間，頭の片隅に置いていた」「15〜16歳の頃に抱いたほんの少しの違和感と疑問を持ち続け，それが花開いたのだという」の箇所がヒントになる。
選択肢の吟味
上の記述を踏まえているのは4だけ。
問2
解答の根拠
・「新発見は，それまでの常識からすればエラー，あるいはアクシデントと呼ばれる事態の中でなされることが多い」
・「人間が何かを成し遂げる力は，エラーにこそある」
選択肢の吟味
上の要素を正しく踏まえているのは1だけ。

XV
問1
解答の根拠
・「どうすれば，アブにきちんと（＝ナノハナの花粉はナノハナへ）花粉を運んでもらうことができるのでしょうか」
選択肢の吟味
上の要素を満たしているのは3だけ。
問2
解答の根拠
この文章は，春先に咲く花が黄色い理由，また一面に咲く理由を説明している。
選択肢の吟味
上の内容を抽象化すると2「花の色や咲き方には合理的な理由がある」となる。3・4は内容としては合っているが，瑣末な内容である。1 虫が花を利用しているということはあまり話題になっていないので，2には劣る。

いかにも自分で判断し，自律的に決定したかのように AI に思わせる」に合致するので○。 4 「自動的」には停止しないので×。

XVI

問 1

解答の根拠

空欄の前の「「ゼア」には現実にはない想像の世界のことも含まれるようになります。たとえば死後の世界とか天国です。日本では「ヒア」を「此岸」と呼び，「ゼア」を「彼岸」と呼びました」と，後の「「此岸」は人間世界，「彼岸」は人間の死後の世界と考えた」は同じ内容になっている。

選択肢の吟味

同じ内容のものを繋ぐのは，4「すなわち」しかない。

問 2

選択肢の吟味

1「すべて」かどうかは分からないので△。 2「やがて「ゼア」には現実にはない想像の世界のことも含まれるようになります」に合致するので○。 3「今度は理想の「ゼア」に合わせて，「ヒア」をつくる」とあるので，「触れてはならないものとされた」は×。 4「ヨーロッパでは，「ゼア」はアルカディアとかユートピアとか天国というものになります」とあるので×。

XVII

問 1

解答の根拠

・「人間は歩く，考える，料理をする，絵を描くなど，ひとりで実に多様な機能をこなすことができる。しかし AI はそうではない」

選択肢の吟味

上の要素を満たしているのは 3 だけ。

問 2

解答の根拠

今：AI はコントロールできる ➡2045年：AI がコントロールできなくなるかもしれない，ということであるから「手を打つ」対象は，1「AI が暴走するかもしれないこと」である。また，次の段落で AI をコントロールする方法について説明がなされているが，これは「AI の暴走」を食い止めるための試みだと言える。この点からも 1 が正解。

問 3

選択肢の吟味

1「AI が自らそのスイッチを作動しないようにしかねない」とあるので×。 2「その行動を人間が強制的に停止したり変更したりできるようにする」とあるので，ボタンを押すのはあくまで人間であるから×。 3「人間に害を与える行動をしないことを，

〈解答〉

出題形式	解答番号	正解	出題形式	解答番号	正解	出題形式	解答番号	正解
1文1問	1	②	1文2問	11	②	1文2問	21	②
	2	③		12	①		22	③
	3	①		13	③	1文3問	23	④
	4	②		14	②		24	①
	5	②		15	④		25	②
	6	④		16	③			
	7	④		17	①			
	8	②		18	②			
	9	③		19	①			
	10	①		20	④			

〈解説〉

I

選択肢の吟味

1 「研究スペースでの飲食はこれまで通り厳禁」とあるので×。2 「演習室としても利用できるように」とあるので，かつてはできなかったと推測できる。よって○。3 「PCの利用時間は一人1時間に延長」とあるので×。4 「リニューアル」は普通「移転」ではないが，「本棚を増設しました」という記述からも，場所は変わっていないことが分かる。よって×。

II

解答の根拠

・「脳が大きくなって，脳の可変性というか，フレキシビリティ（柔軟性）がすごく高いので，同じ遺伝的な組成は持っていても，違うことをいくらでもする」

・「脳の発生はかなりエピジェネティックに（後天的に）決まるので，人間の場合は遺伝的な組成の違いが小さくても，文化は多様だし，行動パターンも多様になった」

選択肢の吟味

上の要素を満たしているのは3だけ。1は理由の説明ではなく，「多様性」を説明しているだけなので×。4は「狭める」が誤り。

III

解答の根拠

・「シンプルなアウトプット（レポートやプレゼンテーション）をするためには，収集した膨大な情報を基

にして，「要するにこれはどういうことなのか？」ということを徹底的に考え抜くことが求められる」

・「「やわらかい頭」とは知識を再構成する力のことであり」

選択肢の吟味

上の要素を満たしているのは1だけ。

IV

解答の根拠

・「彼らは，漢字の意味や読み方，言葉の背景を知らないばかりか，書く順序や方向もわからないのです。縦書きなら，上から順に書くことがなんとなくわかるでしょうけど，横書きだと，左から書くのか右から書くのかもわかりません」

・「造形だけを追っていることになります」

選択肢の吟味

上の要素を踏まえているのは2だけ。「線の集合体」という言葉は本文に出てきていないが，正しい言い換えであることを見抜く必要がある。

V

解答の根拠

・「実際に闘って傷つけ合うことよりも，感情を表出することによって相手行動を制御する，警告機能により意義があったのかもしれません」

選択肢の吟味

上の記述に対応している2が正解。1・4は本文に書かれていない内容。3は内容的に誤り。

VI

解答の根拠

・「「私」という存在と，観察する対象の間に，ものすごくはっきりした切断があるのです。これを徹底してやり抜こうとしたところが，西洋近代の素晴らしいところでもあります」

選択肢の吟味

上の要素を満たしているのは4だけ。

VII

解答の根拠

・「どうせダメだ，うまくいかないと，先に結論づけてしまう」

・「無駄なことをして傷つきたくないという心理が働いている」

・「この状態のときに，多くの人が異口同音に口にするのが，「自分が何をやりたいのかわからない」とか「特にやりたいこともない」というセリフだ」

1〜3は上の要素を満たしている。4は本文に書かれていない内容なので×。

VIII

解答の根拠 ▷
・「映画はその生まれ変わりの過程をドラマとして描くことによって，人生のモデルを示すとともに，人生の意味を解釈するための枠組みを示唆してくれる」
・「映画を見るという行為自体も，通過儀礼の意味を持っている。僕たちは，映画とともに一歩ずつ大人への道を歩んでいくことになるのではないだろうか」

選択肢の吟味 ▷
上の要素を満たしているのは1だけ。

IX

解答の根拠 ▷
・「電話は，従来の家庭空間の側からみるならば，見知らぬ第三者の声が家庭のなかに侵入してくる戸口に当たっていました」
・「共同体としての家族は，このようにして外部の社会との接点を空間的に限定することにより，見知らぬ他者が家庭のなかにどこからでも入れるようになるのを避けていた」

選択肢の吟味 ▷
上の記述から，電話が家庭空間の中心部に移動すると，「見知らぬ他者が家庭のなかに入ってくる」ことになる。よって3が正解。実際に人が入って来るわけではないので1は×。

X

解答の根拠 ▷
・「人類に影響を及ぼし始めると，公害問題として扱われるようになり，さらに，地球環境が一気に悪化したことにより，はじめて環境問題として認識されるようになりました」

選択肢の吟味 ▷
上の記述を受けての「つまり」であるから，空欄には上の記述と同内容のものが入るはずである。よって1が正解。

XI

問1

解答の根拠 ▷
・「それまで空気のように何とも感じていなかった自分の感じ方，考え方，行動などが，異文化の人た

ちと出会うと，突如として問題となり，相手との間で調整をしなければならなくなる。自分にいつまでもこだわっていたら，この調整はしにくい」

選択肢の吟味 ▷
上の記述から2が正解だと分かる。1「過去」は，少し漠然としているので不可。「文化」というキーワードが欲しいところである。

問2

解答の根拠 ▷
・「その時に応じて役まわりが変わっていく」
・「日本的なものをすてなければ，いろいろな文化の人たちとやっていけない，というのではない」

選択肢の吟味 ▷
上の要素を満たしているのは1だけ。筆者は，自文化へのこだわりを完全に捨てることを勧めているわけではないので注意しよう。

XII

問1

解答の根拠 ▷
「何かある理論で説明できないような現象にぶつかると，また別の理論を作って説明しようとします」
➡「新しい理論が次々と登場することになります」は，因果関係になっている。

選択肢の吟味 ▷
因果関係を表す3「そのため」が正解。

問2

解答の根拠 ▷
・「疑似科学を主張する人は，往々にしてそうした柔軟性はなく，1回言ったら決して変えません。そしてその主張をあえて綿密に調べない，調べたがらない傾向があります。つまり検証に消極的なのです」
・「いったん主張したことを綿密に検証しない態度は，疑似科学を主張する人々に共通する特徴です」

選択肢の吟味 ▷
上の記述から2が正解となる。

XIII

問1

解答の根拠 ▷
・「どこかで何らかのかたちでつながる可能性」
＝「大学で勉強する知識はいま彼らが直面している社会や現場での問題に即座に役立たないにしても，長いスパンで問題に取り組んでいけば，どこかで役立ってくることがある」

選択肢の吟味 ▷
上の要素を満たしてるのは4だけ。

問2

解答の根拠

・「ある問題についていったん自分でものを考えてみるといい。そうすると，自分がいかにものを知らないか，知識がないかがよくわかる。そうなると，どんな知識でも，学べるものは学べるときに学んでおこうという意識になる」

選択肢の吟味

上の記述から3が正解だと分かる。

XIV
問1

選択肢の吟味

1 「流行を生み出す条件とは，ある程度の豊かさと，自由である」に合致する。2 「まず流行が作られてから，大衆がそれを欲望するのだ」に合致する。3 自由が流行を生み出す，という本文の趣旨に反する。よってこれが正解。4 「ファッションは去年とちがえばそれでいい。思想はあとからついて来る」に合致する。

問2

解答の根拠

・「それで人々が「自由」を形にして身に纏うことができるのだから，ぼくは悪くはないと思っている」

選択肢の吟味

上の要素を満たしているのは4だけ。

XV
問1

解答の根拠

基本的には同質だが，その中で少しでも「異質」だといじめのターゲットになる，ということだから，1 「異質を排除する」が正解。実際は消去法で解くことになると思うが，他に紛らわしいものはない。

問2

解答の根拠

昔＝「「ちょっと変わっている」ところが，いじめのきっかけとなり得ていた。だからいじめはもっと見えやすかった」

今＝「一度いじめが始まれば，全員が積極的に加害者になる。自分が被害者にならないために。加害者にならなければ自分が被害者になる。それが現代のいじめなのである」

「それぞれの子どもたちが同質で画一的になったことで，ターゲットは誰でも良くなった」

「誰もが被害者になり得る」

選択肢の吟味

上の二つの内容を比較すると，4が正解だと分かる。

XVI
問1

解答の根拠

形式的には「主張➡具体例➡主張」となっている。また全体のテーマは「ファクトの取り扱い方」である。

選択肢の吟味

形式，内容ともに満たしているのは2だけ。1は間違いではないが，この文章は，例を紹介しているだけではないので不適。

問2

選択肢の吟味

1 「トップが，「こんなお客様の声を直接聞いた」からということで，なんらかの意思決定をし，社員に指示を出すということはありがちですが，経営にとっては，おそらくあまりいいことではないと思います」とあるので×。2 本文にはない内容で×。3 本文全体の趣旨に合致するので○。4 アンケートは実際にデータとして用いられているので×。

XVII
問1

解答の根拠

「旅行：丹念に歩いて回ると，その土地の魅力を堪能できる」＝「読書：ゆっくり読むと，本からいろいろなものが得られる」という関係が理解できていれば，4を選ぶことができるだろう。

問2

解答の根拠

速読だと，「本の中の様々な仕掛けや，意味深い一節，絶妙な表現などを，みんな見落としてしまう」。ゆえに，スロー・リーディングはそれらのものを見落とさずに済む，という展開になるはずである。

選択肢の吟味

消去法で解くよりないと思うが，上の内容を踏まえているのは1 「損をしないための（読書）」である。2 「読むことが好きになる」は，スロー・リーディングの説明としては合っているが，前の文脈を正確に踏まえていない。少なくとも1には劣る。

問3

選択肢の吟味

2 そのようなことは書かれていない。よってこれが正解。

付　録

作問者の視点から見た読解問題

「彼を知り己を知れば百戦殆うからず」とは孫子の言葉であるが，それは試験対策においても当てはまる。「己」，つまり現時点での自分の読解力に関しては，この問題集を解き尽くすことによって，自ずと見えてくるはずである。しかし，一方の「彼」の正体をつかむことは，一受験生にとって，なかなか難しい作業であろう。そこで，この問題集の作問者である私が，「彼（本番の日本留学試験の作問者）」に成り代わって，その手の内をお教えしたいと思う。君たちが「彼を知る」一助になれば，幸いである。

では，作問者がどのようなことを意識しながら問題を作っているのか，実際に問題を使って説明していきたいと思う。ここでは，第1回のVIを使用する。

次の文章で，筆者は，数ある商品の中から自社商品を選んでもらうには，どうすればよいと言っていますか。

現代の我々はどのくらいの情報量の中で暮らしているのだろうか？　巷にあふれる情報が多ければ多いほど，生活者は日常の生活の中で情報の取捨選択を行うという負荷がかかることになる。…（略）…アメリカではスーパーマーケットの商品数が4万点を超えるといわれている。そして平均的な主婦は生活必需品の80〜85％を150種類の商品から選択しているという。つまりスーパーマーケットの店頭に並んでいる39,850の品目が無視されていることになる。自社の製品は果たしてどちらに入っているのだろうか？　日々購入される150品目か，あるいは無視されている39,850品目か。

このモノ余りの時代において，似たようなモノがあふれている売場から，自社製品を手に取ってもらうには，他社製品との明確な差異を作り，それを伝える必要がある。ここで重要な役割を担うのがブランドの"コンセプト"である。ブランドのコンセプトとは，そのブランドの本質，あるいはDNAを短く一言で表現したキーワードになる。自社商品のコンセプトが明快で，かつ生活者にきちんと伝わっていれば購入の際の情報処理は簡潔になり，生活者は迷わずに自社ブランドを選んでくれる。…（略）…まず消費者の頭の中にコンセプトが瞬時に浮かび，次に特徴を理解し共感まですれば，購入に至るのは難しくないのである。

（長崎秀俊『ブランド戦略入門』三弥井書店）

1．他社よりも高品質な商品を作る。
2．自社のコンセプトを明確に打ち出す。

３．自社製品に関する情報提供を怠らない。

　　４．自社のコンセプトについて丁寧に説明をする。

　　問題文を選んで，作問者がまず考えることは，**この文章の主旨は何だろうか**ということである（もちろん，主旨が明確な文章を問題文に選ぶわけだが）。そもそも読解問題とは，受験者が文章を理解しているかどうかを試すものだ。であるならば，文章の最も重要な部分を問うのは当然のことであろう。特に小問が１問だけのタイプの問題の場合，99％，問われているのは文章の主旨であると言ってよい（小問が２問（or３問）のタイプは，小さな主旨に関する設問が１問（or２問），大きな主旨に関する設問が１問というのが基本である）。

　　では，上の文章の場合，主旨は何だろうか。文章をそのまま抜き出せば，「**このモノ余りの時代において，似たようなモノがあふれている売場から，自社製品を手に取ってもらうには，他社製品との明確な差異を作り，それを伝える必要がある。ここで重要な役割を担うのがブランドの"コンセプト"である**」という箇所になるだろう。作問者としては，絶対にここを問いたいところだ（というより，問わなければならない）。

　　さて，問うべき箇所は決まった。次に考えるのは，**どのように問うか**ということだ。一番簡単なのは，「筆者が最も言いたいことは何ですか」のように問うことである。実際，本番の試験にも，このようなタイプの設問が必ず１問か２問入っている。この問題の場合も，そのように問うてもよかったのだが，他の問題との兼ね合いもあり，「筆者は，数ある商品の中から自社商品を選んでもらうには，どうすればよいと言っていますか」という問い方にした（上の引用の「このモノ余りの時代において，似たようなモノがあふれている売場から，自社製品を手に取ってもらうには」に対応している）。ここはあまり受験生には関係のない話だが，「筆者が最も言いたいことは何ですか」という問い方だと，どうしても選択肢文が長くなりがちである。日本留学試験の場合，選択肢文は１行が基本なので，「数ある商品の中から自社商品を選んでもらうには」のように，設問の段階で，ある程度焦点を絞ったのである。本番の試験も，ほとんどがこういった設問の作りになっている。

　　他にも「文章の内容と合っているものはどれですか」という内容合致型の設問や，下線部型の設問，あるいは空欄補充型の設問があるが，問われているのは本文の主旨であるということは変わらない。内容合致といっても，文章中においてさほど重要ではない内容を正解の選択肢にすることは，作問者倫理に反することなので，普通はしない。下線部型の設問も，下線部を説明させることによって本文の主旨を答えさせるというのが基本であるし，空欄補充型の設問も，本文のキーワードあるいはキーセンテンスを空欄にするという場合がほとんどである。とにかく「本文の主旨」が重要だということを忘れてはならない。

最後に作問者に残されている仕事は，選択肢の作成である。普通は，正解の選択肢から作るのだが，ここで作問者が考えるのは，**どのように，どこまで言い換えるか**ということである。この問題の場合，「**他社製品との明確な差異を作り，それを伝える必要がある。ここで重要な役割を担うのがブランドの "コンセプト" である**」という部分が正解となるはずだが，これをどこまで「**簡潔に，正しく**」言い換えることができるか，ここが，作問者の一番の腕の見せ所と言ってよい。下手な作問者は，ほぼ本文表現のコピペになってしまったり，重要なポイントが抜け落ちてしまったり，表現を変えたら意味内容も変わってしまったり，といったようなことになる。そんな点に気を付けながら「**簡潔に，正しく**」言い換えた結果が，選択肢の２「**自社のコンセプトを明確に打ち出す。**」である。「他社製品との明確な差異を作り，それを伝える必要がある。ここで重要な役割を担うのがブランドの "コンセプト" である」＝「自社のコンセプトを明確に打ち出す」となっていることを確認されたい。

　さて，正解の選択肢を作ったら，後は誤りの選択肢である。選択肢の評価（本文の内容と照らし合わせてどれだけマトモな内容か）には，「◎」「○」「△」「×」の４種類がある。「◎」は**文句なく正しい内容のもの**。「適当でないもの」を選ぶ問題以外では，これが必ず正解となる。次に「○」というのは何かと言うと，**間違ってはいないけれど「◎」には劣る選択肢**のことである。「○」が問題となってくるのは，設問文に「最も」という文言がある場合だ。たとえば，先にも挙げた「筆者が最も言いたいことは何ですか」という設問タイプの場合，「本文の内容と合ってはいるけれど，筆者が最も言いたいことではない」選択肢を，（私も含め）作問者は入れたがる。この場合，すぐにその選択肢に飛びつかないように気を付けなければならない（主旨が分かっていればそんなことはないと思うが）。さて，「△」はどうか。これは**選択肢の内容をよく吟味すれば誤りなのだが，正解の選択肢と紛らわしい作りになっているので，間違って選びやすい選択肢**のことである。お察しのように，非常に巧妙な△選択肢を入れると，問題は途端に難しくなる。ただし，日本留学試験に限って言えば，そこまで紛らわしい「△」はないと言ってよい。最後に「×」だが，これは，**デタラメな内容の選択肢**である。「×」に関しては，絶対に選んではいけない。「×」を選ぶということは，文章内容が全く理解できていないということだからである。日本留学試験の問題はとても優・し・い・ので，×選択肢が２つ含まれていることが多い。

せっかくなので，上の問題の各選択肢がどうなっているかも見ておこう。
１．他社よりも高品質な商品を作る。
　☞「品質」に関しては本文で全く触れられていないので，「×」の選択肢と言ってよいだろう。ただし，「高品質な商品を作る」➡「自社商品を選んでもらえる」という論理自体には整合性がある。「×」とはいえ，あまりにデタラメな内容ではダメなのだ。
３．自社製品に関する情報提供を怠らない。
　☞本文に「情報」という言葉がちらほら見えるので，「情報」を入れて引っかけようという意図で作った△選択肢である。しかし内容的には，コンセプトを伝えることと，自社製品に関する情報提供をすることは，イコールとは言えないので誤りである。
４．自社のコンセプトについて丁寧に説明をする。

☞「コンセプト」というキーワードを入れて，2と迷わせようという明確な意図のもとに作った△選択肢である。よくあるパターンなので覚えておくとよいだろう。ただし，コンセプトとは，「短く一言で表現した」ものであるから，「丁寧に説明をする」は誤りだ。

　この問題の場合，「△」が2つ，「×」が1つなので，少し難しいように感じるかもしれないが，本文の主旨が把握できていれば，即答で2が選べるはずだ（選択肢の作りも，本文の素直な言い換えになっている）。実際，本番の日本留学試験の問題も，即答で選べるものがほとんどである。とにかく「主旨」が重要だ。

　以上，読解問題の作り方について手の内を明かしてみた。作り手側の事情を知っていると，問題を一段高みから眺めることができるようになる。たとえば，「なるほど。こういうふうに主旨を訊いてきたか。でもこう問うしかないよね」のように。実際の試験の際には，ここまでの余裕を持つことはできないかもしれないが，問題を解いていて，「難しいなあ」と思っても，「でも，どうせ文章の主旨しか訊いてこないんだろ」と思うことができれば，安心できる。

　最後に。日本留学試験の作問者がこれを見たら，問題の作り方を変えてしまうのではないかと不安に思ったかもしれない。しかし，心配には及ばない。読解問題は，主旨を問う以外に問題の作りようがないからである。主旨を問うていない問題，それは読解問題ではなく，ただのクイズである。そのような問題が，日本留学試験の主流になることは絶対にありえない。だから，君たちは安心して，「文章の主旨をつかむ」という文章読解の王道を歩んでいけばよい。私が保証しよう。

行知学園　日本語教研組

朝月　雄介

読解　自己分析シート

p.290～320の「解答」をもとに，それぞれの出題形式ごとに正解数を記入しましょう。

回	正解数				ランク
	1文1問	1文2問	1文3問	合計	
第1回	／10	／12	／3	／25	
第2回	／10	／12	／3	／25	
第3回	／10	／12	／3	／25	
第4回	／10	／12	／3	／25	
第5回	／10	／12	／3	／25	
第6回	／10	／12	／3	／25	
第7回	／10	／12	／3	／25	
第8回	／10	／12	／3	／25	
第9回	／10	／12	／3	／25	
第10回	／10	／12	／3	／25	

ランクの付け方

Sランク
正解数が
23問以上

Aランク
正解数が
20問以上

B ランク…正解数が **16問以上**

C ランク…正解数が **13問以上**

D ランク…正解数が **12問以下**

読解　学習達成表

「読解　自己分析シート」(p.326)に記入した
合計正解数を下の表に転記し、学習の達成度、
成長度をグラフで把握しましょう。

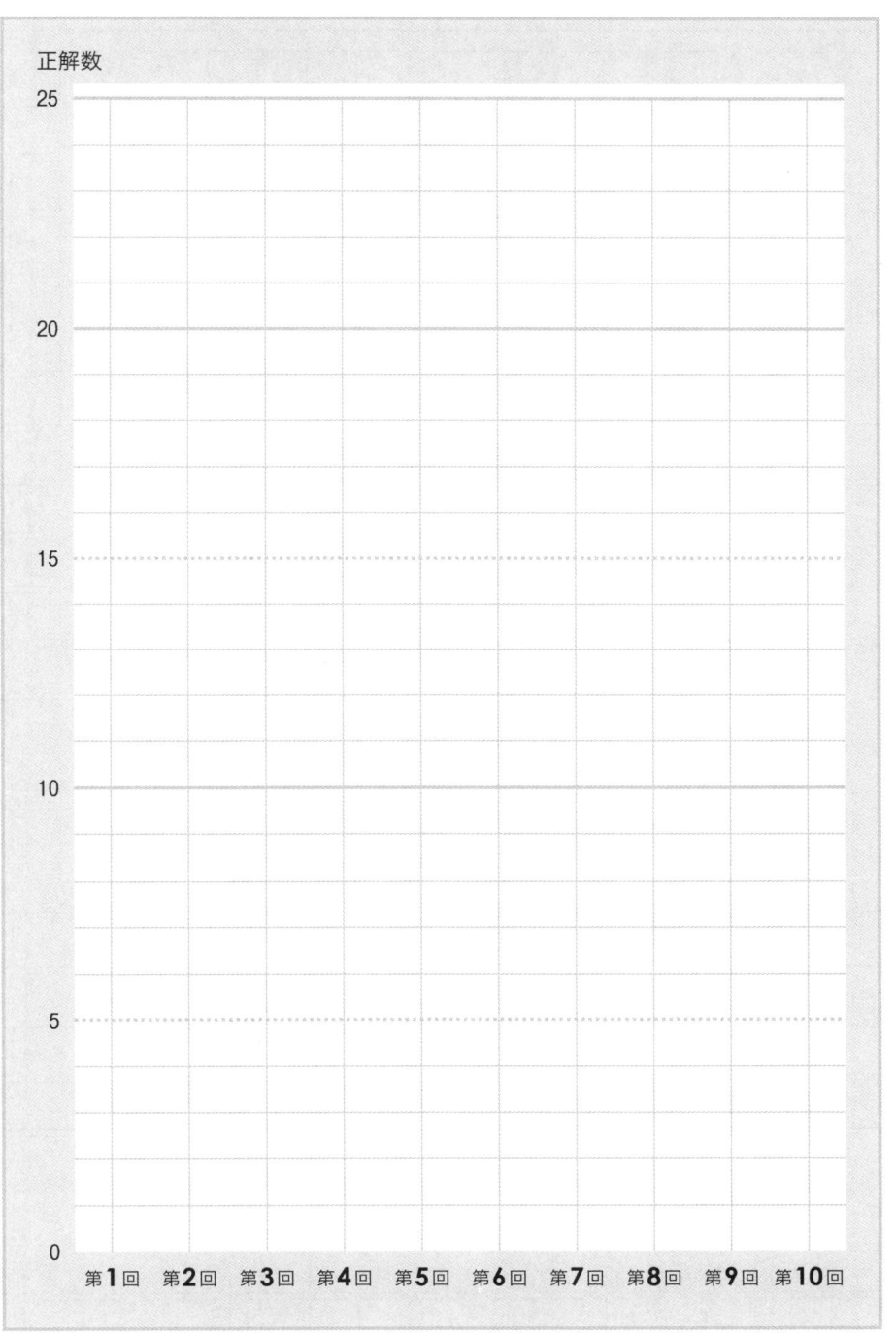

正解数

25

20

15

10

5

0

第**1**回　第**2**回　第**3**回　第**4**回　第**5**回　第**6**回　第**7**回　第**8**回　第**9**回　第**10**回

日 本 語 「 記 述 」　解 答 用 紙

受験番号		名前	

日本語「読解」解答用紙

受験番号	
名前	

[マーク例]

良い例	悪い例
●	◖ ⊗ ⊘

鉛筆(HB)でマークしてください。

解答欄

解答番号	1	2	3	4
1	①	②	③	④
2	①	②	③	④
3	①	②	③	④
4	①	②	③	④
5	①	②	③	④
6	①	②	③	④
7	①	②	③	④
8	①	②	③	④
9	①	②	③	④
10	①	②	③	④
11	①	②	③	④
12	①	②	③	④
13	①	②	③	④
14	①	②	③	④
15	①	②	③	④
16	①	②	③	④
17	①	②	③	④
18	①	②	③	④
19	①	②	③	④
20	①	②	③	④
21	①	②	③	④
22	①	②	③	④
23	①	②	③	④
24	①	②	③	④
25	①	②	③	④

解答欄

解答番号	1	2	3	4
26	①	②	③	④
27	①	②	③	④
28	①	②	③	④
29	①	②	③	④
30	①	②	③	④
31	①	②	③	④
32	①	②	③	④
33	①	②	③	④
34	①	②	③	④
35	①	②	③	④
36	①	②	③	④
37	①	②	③	④
38	①	②	③	④
39	①	②	③	④
40	①	②	③	④
41	①	②	③	④
42	①	②	③	④
43	①	②	③	④
44	①	②	③	④
45	①	②	③	④
46	①	②	③	④
47	①	②	③	④
48	①	②	③	④
49	①	②	③	④
50	①	②	③	④

解答欄

解答番号	1	2	3	4
51	①	②	③	④
52	①	②	③	④
53	①	②	③	④
54	①	②	③	④
55	①	②	③	④
56	①	②	③	④
57	①	②	③	④
58	①	②	③	④
59	①	②	③	④
60	①	②	③	④
61	①	②	③	④
62	①	②	③	④
63	①	②	③	④
64	①	②	③	④
65	①	②	③	④
66	①	②	③	④
67	①	②	③	④
68	①	②	③	④
69	①	②	③	④
70	①	②	③	④
71	①	②	③	④
72	①	②	③	④
73	①	②	③	④
74	①	②	③	④
75	①	②	③	④

교육으로 세계를 연결하는 회사 코치학원의 서적

유학생을 위한 진학예비교와 일본어학교 운영, 서적출판과 교재개발, 모의시험과 취직지원 사업 등, 폭넓게 사업을 전개하는 코치학원.
진학예비교는 중국인 어학연수생의 일본 국내 재학생수가 업계 탑을 자랑합니다. 장기간의 연구·분석에 의한 교재개발 능력을 강점으로 작성된 교재는 일본유학시험과 대학입시 대비에서 빼놓을 수 없는 것으로서 높은 평가를 받고 있습니다.

인기 판매 최신 서적

지도와 그래프가 컬러로 보기 쉽다!

발행 예정 서적

EJU 필수 12000어를 완전 공략!

인기서적 『일본유학시험(EJU) 모의시험 시리즈』 한국어판

EJU에 출제된 문제를 철저하게 연구·분석하여 작성한 모의시험문제 10회분 수록!

行知学園
COACH ACADEMY

문과 · 예체능 유학 전문
토토로하우스어학원

토토로하우스에서는 당신이 주인공입니다.

토토로하우스가
이 모든 과정의
동반자가 되겠습니다.

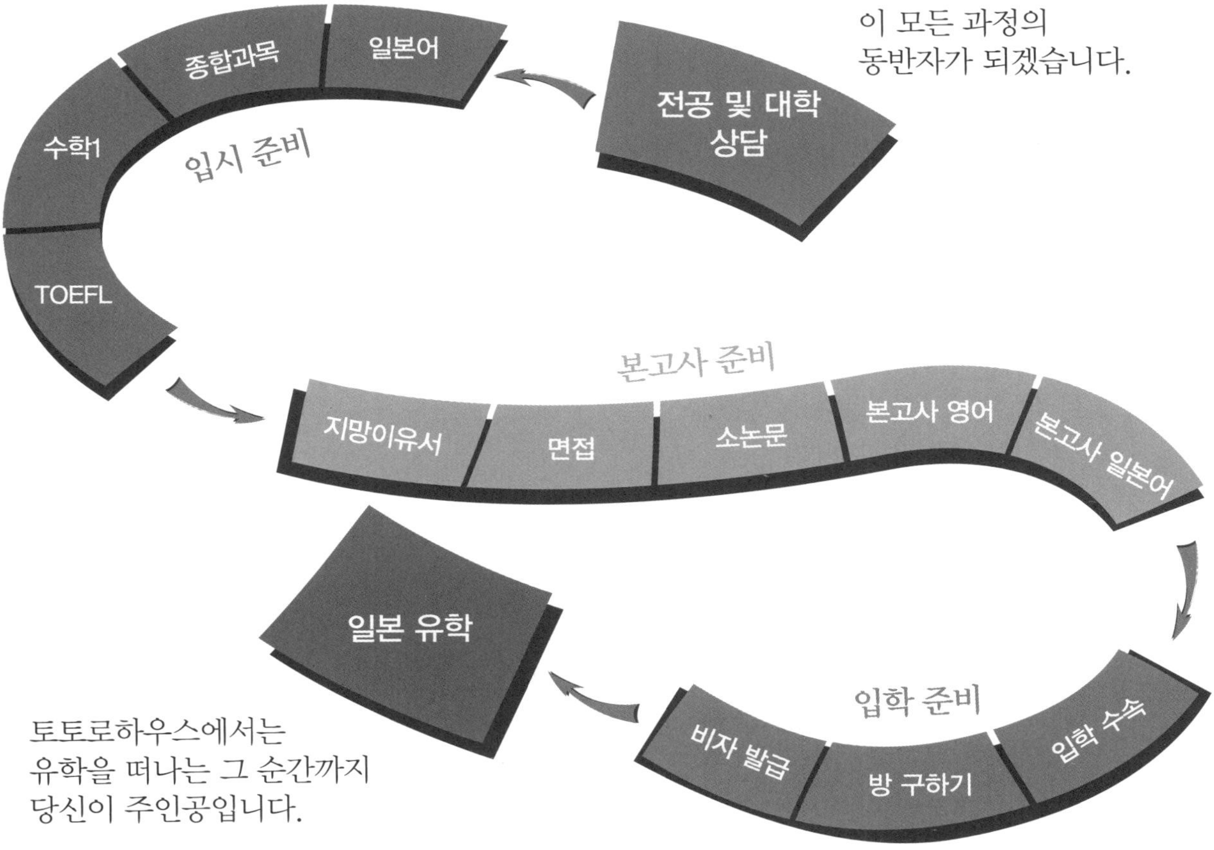

일본어
종합과목
수학1
입시 준비
TOEFL

전공 및 대학
상담

본고사 준비

지망이유서
면접
소논문
본고사 영어
본고사 일본어

일본 유학

입학 준비

비자 발급
방 구하기
입학 수속

토토로하우스에서는
유학을 떠나는 그 순간까지
당신이 주인공입니다.

강남점
서울 강남구 강남대로 354 14층,
TEL (02)538-1213
http://www.yuhak.totorohouse.co.kr
토토로하우스강남점

홍대점
서울 마포구 와우산로23길 9 6층
TEL (02)322-5237
http://www.totorohouse.co.kr
토토로하우스홍대점

편저

行知学園
COACH ACADEMY

일본유학시험(EJU) 모의시험(10회분)
일본어 기술 • 독해

발 행 일 : 2020년 04월 20일 초판1쇄
　　　　　2021년 10월 01일 초판2쇄
　　　　　2024년 05월 10일 초판3쇄
　　　　　2025년 09월 24일 초판4쇄
편 저 자 : 코치학원 일본어 교연팀
펴 낸 이 : 송부영
펴 낸 곳 : (주)해외교육사업단
등록일자 : 1997년 4월 14일
등록번호 : 제16-1456호
주　　　소 : 서울시 서초구 서초동 강남대로 381
　　　　　　전화 02-736-1010
　　　　　　팩스 02-552-1062
　　　　　　이메일 song@hed.co.kr

* 이 도서의 국립중앙도서관 출판예정도서목록(SIP)은 서지정보유통지원시스템 홈페이지(http://seoji.nl.go.kr)와
  국가자료종합목록시스템(http://nl.go.kr/kolisnet)에서 이용하실 수 있습니다.
  (CIP제어번호: CIP2020014403)
* 이 교재의 내용을 사전 허가 없이 전재하거나 복제할 경우 법적인 제재를 받게 됨을 알려드립니다.
* 잘못된 책은 구입하신 서점이나 본사에서 교환해 드립니다.